隨身版

佛法大意

白話解釋

黃智海／著

笛藤出版

前言

在眾多佛教入門的佛經釋注、解釋的書中，黃智海居士的著作的確給初入門的人開了一道「方便」之門，將經文做逐字逐句的解釋，不僅淺顯也詳盡、容易理解。

因為時代的變遷、進步，原書老式的排版，對現在讀者的閱讀習慣較吃力困難，有鑒於此，本社的重新編排也盡量朝「方便」讀者的方向努力，使大家可以輕鬆的看佛書、學習佛法，另外，為了方便讀者隨身攜帶閱讀，特別將開本縮小，但字體儘量維持大字、清晰，便於閱讀且加深記憶。

本書有些地方將原文稍做修改，特記如下：

1. 標點符號使用新式標點的編排。新版的標點有些地方並不符合標準的標點符號，為了符合演述者的口氣，儘量保存原有的風味敬請察諒。

2. 內容太長的地方加以分段。

3. 民國初時的白話用字改成現今的用字，例如「彀」改成「夠」。「箇」改成「個」。「纔」改成「才」。「末」改成「麼」……等等意思相同的普通話。

4. 有一些地方方言上的語氣詞改成一般普通話的說法或刪除掉。例如：「同了」改成「和」或「與」，「那」、「了」、「的」、「是」的刪除。

5. 括弧內解釋的部分用**顏色**印刷，和本文區隔，使讀者更容易讀解。

希望稍做改版後的書，能夠對讀者有所助益，有疏漏的地方，敬請不吝指正是幸。

本社編輯部謹識

目次

序

大教東傳，垂二千年若緇若素，各隨性之所近而為修持。雖修持法門種種不一，而誦經持咒，禮拜懺悔，超薦孤魂，求生淨土，實為大宗。以故古德於諸經咒，諸法門中，擇其要者，訂為朝暮二時功課。俾諸行人，依之修持，以之消除業障、增長福慧、報答四恩、超度孤魂、以廣佛慈，以盡己誠，其道固徹上徹下，其益亦冥陽靡遺。以故天下若宗若教、若律若淨之道場，無不奉為定章。

清初有著日課便蒙者，但略釋字句而已。近有興慈法師著有二課合解，頗為詳明，但以文言稍深，不利初機。黃涵之居士數年前，曾著初機淨業指南及阿彌陀經白話解釋，印達數十萬。外部提倡佛學者，相繼購請。涵之固知白話不如文言之蘊藉莊重，以其能令學問淺者，由茲得人，遂將朝暮課誦，通用白話解之。誠恐己見或有不到，一一均祈其友顧顯微居士為之修正。又以其中所說名相義致，或不悉知，因先述佛法大意一冊，心經白話解釋，與阿彌陀經白話解釋，篇幅頗多，均提出別行，二時課誦得此解釋。初機之人，當相繼而得其種種不思議之利益矣。

雖然，持誦經咒，貴在至誠，縱絕不知義，若能竭誠盡敬，虔懇受持，久而久之，自然業消智朗障盡心明，尚能直達佛意。何況文字訓詁與其意致，否則縱能了知，由不至誠，只成凡夫情見，卜度思量而已。經之真利益、真感應，皆無由得，以完全是識心分別計度，何能潛通佛智，暗合道妙，一超直入、頓獲勝益也。

每有愚夫愚婦顓蒙修持，所得利益，較聰明人為多者，一則以竭誠盡敬，專心一志，一則以悠忽疎散，虛妄計度之所致也。願閱者咸知此意，則既已了知經義，於持誦時仍復不生分別，如對聖容，親聆圓音，了無一念之可得，則其利益，殆非筆舌所能形容。此持誦之祕訣也，普願同人，勿忽此語，則幸甚幸甚。

民國十九年（一九三〇）庚午仲春　常慚愧僧釋印光謹撰

（朝暮課誦白話解釋　卷首）

印光老法師鑑定　皈依弟子黃智海演述

隨身版

佛法大意

白話解釋

1 因緣

佛經上說：**萬法從緣起**。（**法**字，在佛經裏講起來，不論什麼事情、不論什麼東西、不論什麼境界，凡是有名稱可以叫得出，有形相可以看得見的，都叫做法。即使是一個人，也可以叫做法。）

緣字，就是**因緣**。**因**字，是根本的意思、是種子的意思。**緣**字，是幫助的意思。譬如種田，拿一粒穀做種子，這一粒穀，就是因，這個田地，和種田人所用的力、天上的日光雨露，都是緣。有因有緣，才會生出米來。又像一張桌子，這木料就是因，木匠做的工，就是緣。因緣湊合起來，才會成為一張桌子。

所以不論什麼法，只有因、沒有緣，就不會成。只有緣、沒有因，也不會成。一定要因緣和合起來，才能夠成。）

就是說不論什麼法，都是從因緣而成的。就拿我們人來講，這個從**無始**到現在所有的**業**，（**無始**的無字，是沒有的意思，始字是起初的意思，無始，就是沒有起初，因為長久到不能查考，也沒有數目單位可以計算，所以只好說沒有起初了。）

業字，凡是所轉的念頭、所作的事情，不論善的、惡的，都叫做業。再說，轉善念頭、做善事情，就叫**善業**。轉惡念頭、做惡事情，就叫**惡業**。這個業、就是生生死死的根，有了這個業，就永遠在三界六道裏轉，冤冤枉枉受這個生生死死的苦了。三界六道，下面都會講明白。）**就是因**。（因為有了業，就一定要受報應，有善業，就受好報應，有惡業，就受苦報應。我們這個身體，就是受報應的身體，所以叫做報身。

要曉得這個身體，是因為有了業，才有的。有了業，所以生在我們這個世界上，受生了又死、死了又生的苦。若是沒有業，就生到西方極樂世界，或是別的佛世界去，不會生到這個苦世界上來了。

所以業就是身體的根本，就是有身體的因，生了又死、死了又生。為什麼說是苦？又我們這個世界，為什麼叫它苦世界？下面都會講明白。）

投了父母，十個月在胞胎裏，靠了母親的氣和血，慢慢的生成這地、水、火、風**四大**的身體，（身體上的皮、肉、筋、骨、齒、爪、毛、髮、腦、髓，都歸在**地大**裏。）

膿、血、精、液、涕、淚、涎、痰、大小便，都歸在**水大**。

煖、氣，歸在**火大**。

呼吸、作，都歸在**風大**。

四大兩個字，就是四大部分的意思，說得簡單點，就只叫做四大。）就是緣。

若是沒有前世造業的因，就不會生到這個世界上來，若不碰到今世父母的緣，（投到父母那裏，來做兒女，一定前世或是前十世、前百世，和這做父母的人，結過緣的，才會來投胎。結過善緣的，就做一個好兒女來報恩，結過惡緣的，就做一個壞兒女來報仇。）也不會有這個身體，所以必須要因緣和合起來，才有我們這種人的報身。

再拿事情來講，譬如我做這一本書，原來的佛法，就是因，我用的許多心思和功夫，就是緣。有了這種因緣，我這本書就成了，所以叫萬法從緣起。

2 業

我們人所以有業，都是從**迷惑**不明白而來的。（迷惑，就是不明白正道理的意思。）迷惑的事情，也多得很，最大的，就是這一個我字。因為各個人都認這個我，是實在有的。有了我，就要分別出旁人來了，有了我和旁人的分別，就會生出種種的壞念頭，造出種種的惡業來了。（有了我和旁人的分別，就會想把便宜的、利益的，都歸我。吃虧的、害處的，都歸旁人。那麼種種的壞念頭，都會生出來，種種的惡業，都會造出來了。）

要曉得一個人是業和地、火、水、風四種，湊合起來，成了這麼一個形相的。凡是有形相的東西，都是湊合而成的。譬如一只風箏，（俗語叫做鷂子。）是把小竹片用線紮了，再把紙糊上去，三種東西湊合了，就成了一個風箏的形相，又立了一個風箏的假名稱。倘若你把小竹片、紙線，都分開來了。請問你這只風箏，還在哪裏呢？要曉得凡是湊合而成的，都是虛的、假的，不是實在的。一個人也就是這樣的。

譬如四大少了風大，身體就不會動了。少了火大，身體就冰冷了。少了水大，身體就乾枯了，縮小了。少了地大，那就更加不像一個人了。既然人也不像人了，請問這個我在什麼地方呢？

在業裏嗎？業是沒有形相可以看得見的，哪裏會有我呢？在地、水、火、風裏嗎？地、水、火、風分開了，人的形相，都沒有了，哪裏還會有我呢？分開了既然沒有我，那麼合起來，又哪裏來的我呢？況且到了死後，這個身體腐朽了，這個我又到哪裏去了呢？所以其實並沒有什麼，這個我只不過是因為大家前世造了一種業，靠了這業的力量，就結成了一種受報的**識神**，（**識神**，是業識，就是人的知識。現在大家所說的**心**，其實就是這個識神。）

講這個識的道理，多得很、深得很，是佛法裏一門專門的學問。所以講識的書，也非常多，不是三言兩語就能講得明白。這裏便不多講，下面有講到的地方，可以詳細看看，也可以曉得一些大略的意思，若要曉得詳細，可以請一部唯識論來研究研究。）**又從這個識神裏，變現出這個身體的形相來，**（這兩句話的道理，是說有了這個識神，就要尋有緣的地方去投胎。投了胎，就慢慢有了這個身體，看阿彌陀經白話解釋裏，「十二因緣」的解釋，就能明白。）**去受報應。**

3 報應

報應分二種，一種是正報，一種是依報。

受報應的叫**正報**，譬如一個人受種種好報應，或是受種種的惡報應，是什麼東西去受的呢？自然就是這個身體去受的了。所以這個身體是主，就叫正報。

報應他的叫**依報**，譬如一個人，受種種的好報應，或是受種種的苦報應，用什麼東西去報應他呢？就是把住的、吃的、穿的、用的、種種的東西去報應他。報應好的，那麼這些住的、吃的、穿的、用的、種種的東西，也就都是好的。報應苦的，那麼這些住的、吃的、穿的、用的、種種的東西，也就都是苦的。這種種東西，就叫依報。

凡是人的識神裏，都有這樣的依報變現出來的，不只是自己身體的形相，的確是自己的識神變現出來的，即使是身體外面所看得到的各種形相，各種東西，也都是自己的識神變現出來的。

所以實在沒有什麼叫做**我**，也沒有什麼叫**他**，總之都是不真實的，都是空的、假的。若是真的有一個我，那麼我自己就可以作自己的主了。為什麼這個身體，不要它生病，它偏偏要生病，不要它死，它偏偏要死，自己一點也作不了主呢？可見這個身體，其實是變現出來的一種假形相，並不是真實有的，更不用說我了。既然曉得我是空的、假的，就不應該再亂轉種種的壞念頭，和旁人爭什麼英雄好漢，造出種種的業來了。

4 真與假

不論什麼東西，若是**真**的、實在的，就永遠不會改變，不會消滅。若是會改變的、會消滅的，一定就是空的、**假**的。就拿我們的身體來講，在母親肚裏，從起初有的時候，一直到生下來，要改變多少次數。從生下來，一直到死，其間從小時候到大，從大到壯年，從壯年到老年，身體的大小、老嫩、鬚髮、牙齒、皮膚、精神，哪一樣不是要改變多少次數呢？等到死了，先爛皮肉，後爛筋骨，不到幾年，完全都爛了，不就消滅得一點都沒有了麼？又像房屋、樹木、山河、天地、哪一樣是可以長久不改變？永遠不消滅的呢？（等到劫數到了，這個土地、和上面幾層的天，一起都被大火、大水、大風，毀壞得一點也不留，要過了許多許多的年數，才又成了一個新的世界。毀，就是壞的意思。

上面所說幾層的天，下面會講明白的。所說的劫數，和大火、大水、大風，在阿彌陀經白話解釋裏、「彼佛壽命」一節底下，講得很詳細。）

所以我們這個世界上，實在沒有一樣是長久的，就是沒有一樣是真實的。所看見的，都是變現出來的假形相。不過種下了善因，就現出善相來，種下了惡因，就現出惡相來了罷。

譬如一面明亮的鏡子，照上去是什麼，現出來也是什麼。照上去是一個人，現出來也是一個人，照上去是一隻狗，現出來也是一隻狗。但是現出來的，儘管各式各樣都有，終究鏡子裏，還是一樣東西也沒有，完全是空的、假的，不可以認為鏡子裏，真的有什麼形相在那裏的。

5 佛・靈性・佛性

我們這個世界上，不論什麼境界，不論什麼事情，不論什麼東西，都可以拿這個鏡子照出來的形相來比較的。我說世界上所有的一切，都是虛的、假的，這些話大家不要不相信。

我再用做夢來比喻，就更加容易明白了。我們在夢裏的時候，所看見的種種境界，種種東西，都把它認為是真實的，若是在夢裏有人對我們說這種境界，這種東西，都是虛的、假的、沒有的，我們哪一個人肯相信呢？等到醒來了，才曉得夢所看見的一切，全是虛的、假的、沒有的。要曉得我們現在在世界上做人，其實像在夢裏一樣。所有看見的一切，都是虛的、假的，不過我們現在這個夢還沒有醒來，所以不能夠相信這種道理。

要講到真實的，不是虛假的，那就只有佛的境界了，佛是永遠不會改變的，永遠不會消滅的，所以是真實的，不是虛假的。

佛為什麼能夠永遠不改變，永遠不消滅呢？我先把這個道理講明白。**佛**這個字是梵語，（梵語，是印度話。在最古的時候，梵天上的人，下來到我們這個世界上，創造印度國，國裏的人，就是梵天上的人傳下來的，所以都說梵天上的話，大家就叫做梵語。

又佛是生在印度國的，說的是印度話，也就是梵語。所有的佛經，本來都是印度文，我們現在所看見的佛經，都是從前許多高明的大法師，翻譯成中文的。）完整說起來，是佛陀兩個字，大家說得簡便點，就只說了一個佛字。這個佛字，翻譯成中文，是一個覺字。但是這個覺，並不是身體上覺得的覺，也不是心思裏覺得的覺，這是覺悟的覺。就是上面所說的做夢醒了的覺，是發現出自己本來具有的靈性。（靈性，在下一節，會講明白。）能夠把所有一切真實的境界，完全見到，一切真實的道理，完全明白，沒有一點點的迷惑，這才叫覺，也就叫佛。（就是佛經裏的阿耨多羅三藐三菩提，翻譯成中文，叫無上正等正覺。

因為佛是最最上等的人，沒有比佛再上等的人了，所以說是無上。佛所得到的法，其實也沒有得到什麼，不過是完全明白了原來一切平等的道理。這種道理，最是真實、最是正當，只有佛的知覺，能夠明白，所以說是**正等正覺**。

在阿彌陀經白話解釋裏、「皆為一切諸佛之所護念」一節底下，解釋得很明白。原來一切平等的道理，就是眾生本來有的**真如性**，從地獄裏的眾生起，一直到佛都有的、都是一樣的、沒有高下的，所以叫一切平等。

眾生，除了佛，從菩薩起，一直到緣覺、聲聞、天、人、阿修羅、畜生、餓鬼、地獄，都可以叫眾生。真如性、和緣覺、聲聞、阿修羅等，下面都會講明白。）

覺字，有三種意思，一種叫做自覺，那是佛自己覺悟了一種最真實的道理，得到自在的受用。（自在，就是自由自在，一點也沒有勉強的意思。受用，就是享受的意思。合起來講，就是舒服得很的意思。）一種叫做覺他，就是佛把自己悟到的道理，用種種的方法，教人修行，要使一切眾生，慢慢的修到能夠覺悟一切真實的道理，能夠和佛一樣的自在受用。一種叫做覺行圓滿，那是佛自覺覺他的功行，（行字的意思，是一個人所做的一切事情，也可以說就是修行。功行，是做的一切有功德的事情。）已經都圓滿了，就成佛了。

若是講起真正的道理來，一切眾生的**靈性**，本來是和佛一樣的，只因為眾生不明白所有的一切，都是從自己的心變現出來的道理，就起了種種的胡亂心思，造出種種的業來。好像天空裏，佈滿了烏雲，把太陽光遮得一點也露不出來。這個烏雲，就如眾生的業障，（障字，是遮住的意思，造了業，就被這個業把自己靈的光明，都遮住了，所以叫做業障。）太陽光就如眾生的靈性，烏雲雖然遮住了太陽光，但是太陽的光，絲毫也沒有傷，也沒有少，只要把烏雲吹散了，太陽的光，就可以顯現出來。

譬如一切眾生，雖然因為造了各種的業，在這輪迴裏，（輪迴，就是投生的意思。在阿彌陀佛經白話解釋裏，「彼國常有種種奇妙雜色之鳥」一節底下，詳細解釋過。）一世又一世的生了又死，死了又生，永遠沒有了結的時候，但是他本來的靈性，一點也沒有變，只要把那一切亂想的念頭，丟得清清淨淨，自然靈性就會發現出來。佛就是發現了自己的靈性，所以佛的聰明智慧，（智慧和聰明，有點不一樣的。聰明可以用在正路上、也可以用在邪路上。智慧，是完全用在正路上的。）無窮無盡，永遠不會改變，永遠不會消滅，是實在的，不是虛假的。

有人問我道：你說的靈性，是不是人的靈魂，我看了許多佛經，沒有看見過這個靈性的名稱，究竟在佛經裏，叫做什麼呢？

我道：靈性與靈魂，是截然不同的，靈性是永遠不變的，靈魂是常常要改變的。譬如一個人造了惡業，投了畜生，那是人的靈魂，就改變成畜生的靈魂了。但是他的靈魂，雖然改變，他能知覺的那種靈性，其實是沒有變動的。要曉得靈魂就是上面所說的受報應的識神，所以是一世又一世不同的。靈性就是佛經上所說的**佛性**，（這個靈性，一切眾生都有的，和佛是一樣的，所以叫做佛。）又叫做**真如性**，（真字，是真實的意思。如字，是不變的意思。這個靈性，是真實的、不變的，所以叫做真如。）又叫做**圓成實**，（圓字，是滿足的意思。成字，是成功的意思。實字，是真實的意思。因為這個靈性，有滿足的智慧，能夠解脫，就是真實的法身，所以叫做圓成實性。

照佛經上說，凡是眾生，都有三種性，一種就是上面所說的**圓成實性**、一種是**依他起性**、一種是**遍計執性**。

依字，是依靠的意思。他字，是除了自己的心，所有外邊一切的境界，種種的法，都包括在裏面。因為這種性，要依靠各種的緣法，才能發起的，所以叫做依他起性。我們眾生，都落在這個依他起性裏，一切起心動念，都是從因緣上來的，就像我們的身體，也是靠了父母才有的，所以叫做依他起。

在這個依他起性裏，包含著兩種性，一種是好的性，就是上面所說的又叫做圓成實性。一種是壞的性，就是遍計執性。

遍字，就是周遍的意思。計字，是計算的意思。執字，是捏定的意思。因為這種性，對了那所有的一切境界，都要去計算它，是好的壞的，是我的他的，捏定了一種主見，牢不可破，所以叫它做遍計執性。有了這個遍計執性，就生出種種的煩惱，造出種種的業來了。所以這一種性，實在就是生生死死的根本，最應該去掉的，若是能夠把它完全去掉、那就完全是圓成實性、就是佛了。

解脫的解字，就是了脫生死，不再接受輪迴的生死，可以自由自在，沒有一點束縛的意思。

法身兩個字，就是一切法的本身。一切的法，都是自己的心變現出來的，所以自己的心性，就叫做法身。其實應該叫法性，現在勉強叫做法身，因為並沒有身體的形相，所以是勉強叫的。佛因為證得了自己的心性，所以佛就得了法身，這法身兩個字，到後面還有解釋。

緣法的緣字，和前面所講的萬法從緣起的緣字是一樣的。

法字，和萬法緣起的法字是一樣的。

了脫生死，就是免掉生死，可以永遠沒有生死的意思。

證字，有得到的意思，但是不能夠說是得，因為得到是本來沒有的、現在才得到的意思。

證得是本來有的，後來迷糊了，現在又轉明白了的意思。）又叫做**本覺**，（因為那種巧妙靈通的真實知覺性，是一切眾生本來有的，所以叫做本覺。）還有許多的名稱，說起來很繁雜，所以這裏便不多說。其實這種靈性，就是一切眾生自己的自性清淨心的真實作用。（自性，就是自己的本性。因為這個心，和那所有一切的煩惱心，都不相干的，所以說是清淨心、又叫做真實心。作用，就是用處的意思。不過這個用處，有一點做成的意思，所以叫做作用。）

6 佛是修來的

那人又問道：既然這種靈性，一切眾生和佛是一樣的，那麼為什麼佛和眾生，相差得這樣遠呢？

我道：譬如有兩個人，一個是資質很聰明的，很用功的，從小時候，就肯專心認真讀書，從小學、中學、一直讀到大學畢業。另一個的資質，雖然也一樣聰明，但只會偷懶，只喜歡到各處去遊玩，各種學問，一點也不用功。你想這兩個人，不是一樣有五官、四肢、識神的嗎？但是講到他們所學的知識、見解，就相差得很遠了。

要曉得佛是修了**三大阿僧祇劫**，（阿僧祇，是梵語，翻譯成中文，叫做無央數，就是多到沒有數目可計算的意思。

這個**劫**字，是佛經裏計算時代的名稱，和前面小註裏劫數的劫字，是兩樣的。一個大劫，計算起來，就有十三萬四千四百萬年、在阿彌陀經白話解釋裏，「彼佛壽命」一節底下，有詳細解釋。）修到種種的福德，種種的智慧，都滿足了，才成佛的，並不是生下來，就是佛的。我們只要把所有一切的境界，都是自己的心造出來的，所有聖人凡夫，（**聖人**，是佛、菩薩、緣覺、聲聞，叫做四聖。

凡夫，是我們這種平常的人。天道、人道、阿修羅道、畜生道、餓鬼道、地獄道，總名叫做六凡，也叫做**六道**。

又天道、人道、阿修羅道，叫做**三善道**。

畜生道、餓鬼道、地獄道，叫做**三惡道**。

這種四聖六凡的詳細解釋，在阿彌陀經白話解釋裏，「皆是大阿羅漢、眾所知識」，兩句底下有的。）也都是自己的心做成的，這種道理，能夠明白了，就應該趕緊發起心來，依照了佛經上所說修行的法門，認真去修，就沒有不成佛的了。

法華經上說的，（法華經，是一部佛經的名稱。）**只要單念一句南無阿彌陀佛**，已經有了成佛的種子了。但是在這個世界上修行，人的壽命很短，要在一世就修成，實在是很難很難。幸好有了念阿彌陀佛，就可以往生西方極樂世界的絕妙法門，（往生的往字，是去的意思。往生，就是生到西方極樂世界去。）而生到極樂世界去，那壽命就有無量無邊阿僧祇劫的長，（無量無邊，也是佛經裏一個很大的數目的名稱。）可以在這一世上就修成功。

7 專心修念佛法

那人道：你說的譬喻，一個是愛用功的人，一個是愛遊玩的人。愛用功的，就是有靈性的人。愛遊玩的，就是沒有靈性的人，只曉得遊玩，不曉得專心用功。

我道：你這句話，真是笑話了。哪有做了一個人，會沒有靈性的呢？倘若沒有靈性，那就眼睛看不見，耳朵聽不到，嘴巴說不出，身體不會運動，還算一個人嗎？不要說是人道裏，各個都有這靈性的，就是畜生道裏也一樣有這靈性。只要看往生集裏，（往生集，是一部書的名稱。是蓮池大師著的，專門記述往生到西方的人。）像那鸜哥、八哥，（鸜哥、八哥，是兩種鳥的名稱，都會學人說的話。）也學會了念阿彌陀佛，往生到西方極樂世界去，這都是有確確實實的證據，所以蓮池大師特地把它記在這往生集裏。要曉得我所說的譬喻，是有意思的，不是隨便說的。

上面所說的聰明人，是比喻那懂得，一切都是自己的心造出來的，這種道理的人。懶惰的人，是比喻那不懂得這種道理的人。專心用功，是比喻專心修一種法門的人，因為學佛法，最忌是這樣也學學，那樣也學學，心不專一，最後連一樣也學不成功。所說的從小認真讀書，一直到大學畢業，是比喻從開始發心起，到成了大菩薩，還不算數，一定要成了佛，才算滿足的人。講到那個偷懶的人，是比喻那只顧眼前的快樂，不顧後來要受苦報的那些人。喜歡各處遊玩，是比喻那貪財、貪色、貪名、貪利，造種種惡業的人。各種學問都不用功，是比喻不肯照佛說的各種法門修行的人。把這兩個人比起來看，就可以明白佛和眾生，是不一樣的。

還有，世界上所說的聰明人，只不過能轉種種的亂念頭，其實就是**無明**，（無明，就是不明白真道理的意思，下面還會講清楚的。）並不是聰明。世界上所說的呆笨人，他們的壞念頭，倒是不多的，心思也不是亂得很的，修起來倒比聰明人容易些，所以呆笨倒也不能說不是好處。

從前佛的弟子裏，有一個名叫調達，就是世界上所說的很聰明的人，他就靠了聰明，學會了各種神通，造出種種的大惡業來，後來竟然落到**阿鼻地獄**裏去了。（**阿鼻**，是梵語，翻譯成中文，是無間兩個字，因為這地獄裏的人，受苦是沒有間斷的，所以叫無間地獄。在夜課大懺悔文裏、「五無間罪」一句底下，有詳細解釋。）還有一個，叫周利槃陀伽，是很呆笨的人，後來倒成了**羅漢**。（羅漢的名稱，完整說起來，應該是阿羅漢三個字，大家說得簡便些，只說羅漢兩個字了。**阿羅漢**，是梵語，翻譯成中文，是無生兩個字，就是超出了三界、不再受生死之苦的意思。

聲聞，總共有四果，**阿羅漢**，是四果最高的一位。第二位叫**阿那含**，第三位叫**斯陀舍**，第四位叫**須陀洹**。在阿彌陀經白話解釋裏、「皆是大阿羅漢」一句底下，有詳細解釋。

果字，是結果的意思。）

照這樣看起來，聰明不一定是好處，呆笨也不一定是壞處了。現在世界上的人，修行念佛法門的很多，但是依我看來，倒是那些愚夫愚婦，來得穩當，容易成功。因為他們的資質呆笨，學了一種念佛方法，就一心一意的念佛，不再想學旁的各種法門了。並且呆笨人的雜亂念頭不多，所以心思倒能專一，功夫就容易進步了。

8 修行的功夫

那人道：你說這種靈性，是一切眾生本來有的，那麼應該一切眾生，不必做到修行的功夫，就自然能夠成佛了，為什麼我們現在都不成佛？都沒有佛的各種神通呢？若是那種靈性，一定要修行才發現的，那麼應該是修來的了，並不是本來有的了？

我道：你不要疑惑，我再說個比喻給你聽，就可以明白了。譬如有一面極大的古銅鏡子，因為多年埋在垃圾裏，生了很厚的銅鏽，種種的齷齪，積得也很厚，不但是沒有光明，連那本來的銅，也看不出了。若是有一個人，曉得這面鏡子，其實有照東西的大用處，就用種種方法，把那齷齪銅鏽，揩磨得清清淨淨，那麼所有的東西，就立刻在那鏡子裏面，照了出來。你想這種照東西的用處，是那個鏡子本來有的呢？還是從外面做進去的呢？鏡子有這種照東西的用處，就譬如人本來有的靈性，後來被齷齪銅鏽堆積滿了。譬如人本來有的靈性，被無明蒙住了。所以照這個鏡子的比喻看起來，就可以曉得人的靈性，是本來有的了。

照佛經上說，那佛性有三種的分別：

一種叫做**正因**，（就是眾生本來有的真性。正，是正主的意思。）是顯出法身的功德來的。（法身要證得了自己的心性，才能夠顯出來。）

一種叫做**了因**，（就是明白一切真正道理的意思。）是顯出般若的功德來的。（**般若**，是梵語，翻譯成中文，就是智慧兩個字。明白了真正的道理，就能夠顯出自己心裏的智慧性來了。）

一種叫做**緣因**，（就是修種種真實功德的意思。）是顯出解脫的功德來的。（修了真實的功德，纔能夠解脫，所以緣因能夠顯出解脫的功德來。）

這三種因都完全了，才可以使本性裏，發現出種種巧妙靈通的用處來。

現在一切眾生，只有那一種正因佛性，（眾生雖然正因佛性，是本來有的，但是被無明迷住了，正因佛性也就顯不出來了。）缺少那了因、緣因兩種佛性，所以不能夠顯出自己的本性來，不能得到佛的各種神通。其實這了因、緣因兩種佛性，並不是一切眾生本來沒有的，只不過因為自己不明白，把這好好的佛性，用得不得當，就使這了因佛性，埋沒在那種種的煩惱裏，使這緣因佛裏，顛倒造出了種種的善業、惡業來，就牽連到那正因佛性，也一齊轉到輪迴裏去了。

這是因為不明白一切的境界，都是自己心裏造出來的。所以明白一切都是自己的心，造出來的道理，其實是最要緊的。經裏雖然說正因佛性，是本性的功德。了因、緣因兩種佛性，是修行的功德。其實本性固然是自己的靈性，修行也是自己的靈性。倘若沒有了這個靈性，怎麼能夠修得成呢？

若說本來沒有這種靈性的，是修了才得到的，那麼應該是有得到的方法了，為什麼佛說「乃至無有少法可得」呢？（這句話，是出在金剛經裏的，就是說沒有一點點的法，可以得到的意思。）但是這個靈性，雖然不是修了才得到的，究竟也要**修**了種種真實的功德，才能夠發現出來的，就像前面所說的古銅鏡子，若不把齷齪銅鏽去掉，怎麼能顯出它能照東西的用處來呢？所以修的功夫，實在是萬萬少不得的。

9 三種迷惑

那人道：一切眾生，既然有和佛一樣的靈性，為什麼不能夠立刻發現出來，一定要修了才顯出來呢？你把那鏡子上的齷齪銅鏽，比喻成什麼呢？

我道：這個是因為眾生心裏，有了種種的迷惑，就是見思惑、塵沙惑、無明惑，三種惑，把這個真心遮蓋住了，所以不能夠發現出來了。

我先把三種惑詳細告訴你。

見思惑分開來說，叫做見惑、思惑。（見字，是各種不正的見解。思字，是各種煩惱的心思。）

見惑，就是那五種利使，和五種鈍使。為什麼叫做使呢？使字，本來是差喚的意思，因為這十種迷惑，都是很有力量的，凡夫會受它的差喚的，所以叫做十使。利使，是一種急性的煩惱。鈍使，是一種慢性的煩惱。

五種利使，一種是身見，（認定這個身體是我的。）一種是邊見，（是執定一種偏在一邊的見解。）一種是戒取，（是守不合佛法的各種邪教的戒法。）一種是見取，（是執定自己認為自己不錯的一種見解。）一種是邪見。（凡有不正當的見解，都叫邪見。）

五種鈍使，一種是貪心，（對順的境界，不論什麼，都生出一種愛的心來，要得到手。）一種是瞋心，（對了那不順的境界，不論什麼，都生出一種恨的發火的心來。）一種是癡心，（不明白一切事情的正當道理。）一種是慢心，（誇張自己的本領，看輕旁人。）一種是疑心，（對正當的道理，疑疑惑惑，不能夠生決定相信的心。）

這十種就是根本煩惱，叫做見惑。

那**思惑**，就是鈍使裏的貪、瞋、癡、慢、疑，五種。不過見惑裏的五鈍使，比思惑裏五鈍使粗淺，都偏在分別心、執著心上而起的惑。（分別，是分別這樣好的、那樣壞的意思。執著，是捏定固執的意思。）一見到真理，這種見惑就會斷的，所以證到了初果須陀洹，這見惑就斷盡了。思惑裏的五鈍使，來得細，迷得深，黏膩難斷，所以要證了初果後，才能夠慢慢的斷，等到斷盡了，就證到了四果阿羅漢了。

思惑若是沒有斷盡，那就跳不出這三界，（**三界**，就是欲界、色界、無色界，都是在輪迴裏的。界，是界限的意思。

欲界，是有男女情欲的。從阿鼻地獄起，一直到上面的第六層天為止，都叫做欲界。

再上去有十八層天，叫做色界，那裏的人，是只有男相，沒有女相的。

再上去有四層天，叫做無色界，那是連身體的形相，都看不出了。

阿彌陀經白話解釋裏，「無量諸天大眾俱」一句底下，有詳細解釋。）脫不了那分段生死的，（分字，是有期限的意思。就是說三界裏，六道眾生的形體，在這一道死了，又轉到那一道去，都跟前生所造的善業、惡業、各種因緣、果報，轉變他的壽數形體，所以叫**分段生死**。

講到三界外眾生的生死，叫做**變易生死**，變易，是變換的意思，就是變換地位。像初果修上去，得到了二果的地位，再修上去，得到三果、四果的地位。地位變換了，形相也變換了，就叫做生死。其實這並不是生死，和三界裏眾生的那種生死，是不一樣的。

三界裏的眾生，就是上面所說的六凡。三界外的眾生，就是菩薩、緣覺、聲聞。）一直要到了阿羅漢的果位，（果字下加一個位字，是結果得到什麼位置的意思。）才能夠把見思惑斷盡。若是照圓教裏菩薩的位次說起，（**圓教**，是天台派的大祖師，把佛教分作**藏**、**通**、**別**、**圓**四教。

藏教，是小乘法，通、別、圓三教，都是大乘法，但是一教比一教深、一教比一教高。圓教是佛教裏一種最圓滿、最高深的教。在夜課大懺悔文裏，有四教的詳細解釋。天台派，下面也會講明白的。）這阿羅漢果，就是十信位裏第二信以上的菩薩了。（**十信位**，是第一信心、第二念心、第三精進心、第四慧心、第五定心、第六不退心、第七回向心、第八護法心、第九戒心、第十願心，有這十種真實的信心，所以說十信。

第一信，只能夠斷見惑，從第二信到第七信，才能夠斷盡思惑。圓教把菩薩的位，總共分做五十二位，是十信位、十住位、十行位、十回向位、十地位、和等覺菩薩、妙覺菩薩，總共成五十二位。

也有把等覺菩薩歸在十地位裏的。等覺菩薩，和佛已經有差不多相等的覺悟，可以說在菩薩裏最高的位子了。妙覺菩薩，是自覺覺他，覺行圓滿，就是佛了。要曉得，可以查華嚴經，說得很詳細。）那種見思惑，是能夠障礙真空的道理的。（我們凡夫所認為有的，其實完全是空的，這種道理，叫做**真諦**。諦字，是考察實在的意思。

真空就是自己的本性，但是這個空字，和頑空的空字，是不同的。真空，是沒有形相的空，不像那虛空的空，是有形相的空。有形相的空，就是頑空，不是真空。頑字，是不靈通、沒有變化的意思。）

塵沙惑，是本來自己沒有的，阿羅漢因為自己斷了見思惑，有了真實的智慧，看見眾生的習氣，多得像空中的灰塵，河裏的沙泥，就覺得教化眾生，（教，是教訓的意思。化，是勸化的意思。）很是繁雜的，起了這一種迷惑，就叫做塵沙惑。

塵沙惑，還有界內、界外的兩種分別，（界內，就是三界裏。界外，就是三界以外。）阿羅漢斷了見思惑，界內的塵沙惑，也就一同斷了。但是那種界外的塵沙惑，卻是只能夠伏住它，（伏住，是伏倒在那裏，不動的意思。）還不能夠斷去。圓教八信的菩薩，只能夠斷去界內的塵沙惑，要到了九信、十信的地位，才能夠斷去界外的塵沙惑。那種塵沙惑，能夠障礙妙有的道理。（因為所有境界，都是自己的心變現出來的，雖然像是有的，實在都是空的，所以說是妙有。這種道理，叫做**俗諦**。俗，就是世俗上說的意思。）

進到了圓教初住的菩薩位，（初住，就是十住的第一位。）才能夠破一品的**無明惑**。（一品，實在就是一分的意思。在佛經裏，說到無明，總說是品，不說是分的。）證得一分的法身，進上一位，就多破一品的無明，多顯出一分的法身來。破了四十一品的無明，就叫做**等覺**菩薩了。

到了等覺菩薩的地位，還有一分微細的生死，沒有了脫。要破去了一分根本的無明，才可以叫做**妙覺**，才能夠把一分細微的生死，也了脫了，就成佛了。那種無明惑，能夠障礙最真實的道理。（這種道理，叫做**中諦**。完整說起來，就叫中道第一義諦。因為有就是空、空就是有，真諦和俗諦，圓融無礙，不偏在一邊的，所以叫做中道第一義諦。

上面小註裏，所講過的真諦、俗諦，和這裏的中諦，在心經白話解釋裏，講得很詳細。圓融，是圓通和合的意思。）

你看，照這上面所說的情形，眾生的惑，這樣的多，不要說成佛不容易，就是脫那分段的生死，跳出三界的輪迴，已經是難極了。不能夠跳出這個輪迴，恐怕將來難免會一世造了惡業，就落到惡道裏去，那更加是說不盡的苦了。所以只有認真念佛，求生到西方極樂世界去，才可以不再造業，永遠不受投胎的苦，並且只要一世就可以成佛。這個法門，實在是第一個最妙的法門了。

10 苦・法身・煩惱・菩提・業・解脫

那人道：我聽你說，眾生因為有了三種迷惑，所以不能夠把三種佛性顯出來，（三種佛性，就是前面說過的正因、了因、緣因三種。）我就想起一句話來。我看見佛經裏說，苦，就是法身。煩惱，就是菩提。（菩提，是梵語，翻譯成中文，是覺悟明白的意思。）業，就是解脫。這怎麼講呢？

我道：這就顯出一切眾生的心性和佛是一樣的道理。我詳細告訴你，這個**苦**字，就是四諦裏的苦諦。（**四諦**，是種考察出來的真實道理。第一是苦諦、第二是集諦、第三是滅諦、第四是道諦，叫做四諦法。）

苦，是說凡夫的果報。集是聚集的意思。就是各種煩惱的心、和所造的業，是造成苦果報的因。要免這苦的果報，必先除去那造業的因。要消滅生死的苦，必須要修各種佛道。

聲聞，是專門修四諦修成的，在阿彌陀經白話解釋裏，「皆是大阿羅漢」一句底下，說得很詳細。）

我們有了這個生、老、病、死的身體，所以有種種的苦。若是曉得了這個身體，都是自己的心變現出來的，本來是空的，沒有什麼形相，形相尚且沒有，還有什麼東西去受這個苦呢？所以苦也是空的、假的，實在有的只有自己的真如實性。證得了自己的真如實性，就叫做證得**法身**，法身既然就是苦諦的真如實性，那麼反過來講，就可以說**苦就是法身**了。

煩惱是心性的作用，**菩提**也是心性的作用。心性的作用雖然不同，但心是性，只有一個，沒有兩個的，所以體性實在還是相同的。（一個念頭著在境界上，一個念頭不著在境界上，所以說作用不同。體，是本體，有質地的。性，是子。體性，是指念頭說的，同樣是一個念頭，所以說體性相同。）雖然說體性是相同的，但是作用如果不同，念頭就有著在境界上，或不著在境界上的分別了。

念頭著在境界上，真性就被妄心遮蓋住了。真性被妄心遮蓋住，真性就不清淨。真性不清淨，菩提就成了煩惱。

念頭不著在境界上，不動一點妄心，那就完全只有這個清淨的真性了。既然完全只有這個清淨的真性，哪裏還有什麼叫做煩惱呢？那還不是菩提，是什麼呢？所以說**煩惱就是菩提**。

業就是解脫的道理，也是這樣的。一切的法，本來全是佛法，著了相，（著相，就是動了妄心所做的、有心的。）就是**造業**。不著相，（不著相，就是一片清淨心、沒有妄心夾雜在裏面。）就是**解脫**。明明是一樣的事情，凡人做了，就成了造業，佛菩薩做了，就成了解脫。可見得造業和解脫，其實不是兩件事情，只是著相和不著相的分別罷了。所以說**業就是解脫**。

要曉得苦和法身，都是正因佛性。煩惱和菩提，都是了因佛性，業和解脫，都是緣因佛性。迷惑了道理，就把法身變做了苦諦，菩提變做了煩惱，解脫變做了造業了。覺悟了道理，那麼苦諦就變做了法身，煩惱就變做了菩提，造業就變做了解脫了。理性雖然是相同的，修法還是有迷、悟兩種的不同。（迷，是不明白。悟，是醒悟、就是明白的意思。）

11 法由心生

修行的人，第一先要明白一切的**法**，完全是自己的**心**變現出來的，都是**空的**、**假的**，完全就是自己的心。這個心不著牢在一切的境界上，那麼清清淨淨，那有什麼叫做人？有什麼叫做法？有什麼可以分別？有什麼可以執著呢？

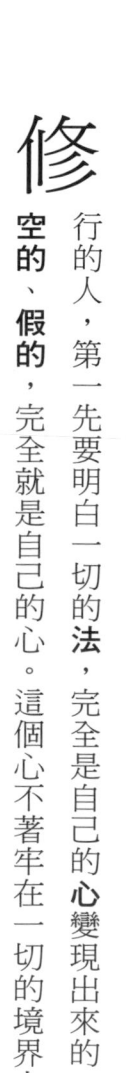

能夠把**人我執**、**法我執**，的兩種習氣，（**人我執**，是執著身體裏有一個我的見解，就是那見思惑。

法我執，是一切凡夫不明白，不論什麼法，都是空的道理，執著了一切法都有實體的一種虛妄的見解，就是塵沙惑和無明惑。

習氣，是平常人的各種壞習慣。）都去掉了，那麼就可以證得一切法的真如了，這就是真真實實的見到了**苦就是法身**了。

一切煩惱的心，總是依傍了**外面的境界**起的。查查這個煩惱心，若從自己的心生出來，那麼心能夠生出心來，一個人就會有兩個心了。況且若心真能夠生出心來，那不靠外面的境界，也會生出心來了。但是不靠外面的境界，一定不會生出煩惱心來的，（心本來是很清淨的，就因為被外面的境界污染了，才生出這個煩惱心來。）那就可以曉得不是從自己的心生出來的。

若這個心是從外面的境界上生出來的，那麼是境界生的心，和我有什麼相干呢？況且境界若能夠生出心來，那麼不論聖人、凡人，對境界，都應該會生出心來了，為什麼聖人對境界，一點點心都不生出來呢？（凡人對各種境界，會生出各種愛的、恨的分別心來。聖人不會被各種境界所動搖的，所以不會生出種種的心來的。）那麼，可見得這個心也不是從境界上生出來的了。

若自己的心和外面的境界，合起來，才生出來的。那麼先要問，到底心和境界，兩個都能夠生出心來呢？還是沒有呢？

若兩個都能夠生出心來，那麼就不必要合起來，才能生出這個心來了。況且兩個都能夠生出心來，那麼合起來了，就應該兩個各生一個心，就要生出兩個心來了。因為從自己的心裏，生出了一個心來，從外面的境界上，也生出一個心來，不就會有兩個心嗎？你想有這個道理嗎？

若是心和境界，兩個都不能夠生出心來的。那麼就像一塊砂石，軋不出油來。兩塊砂石，怎麼會軋出油來呢？所以就曉得心和境界，合起來生出心來這種說法，也是說不通的。

若是說這個心生出來，是沒有因緣的。那麼變成了虛空裏，憑空生出一個心來了，那更加沒有道理了。

這樣細細考究起來，最後找不到這個煩惱心的來處、去處。那就曉得這個心，本來就是**無生法**了，（**無生法**，是說一切的法，本來沒有生相的。生相，就是生的形相。）也就曉得一個人只有這一個心，煩惱就是這個心，菩提也是這個心，只不過是**著相**、**不著相**的分別罷了。這難道不是**煩惱就是菩提**嗎？

楞嚴經上說：（楞嚴經，是一部佛經的名稱。）十方諸佛，（**十方**，是東方、南方、西方、北方、東南方、西南方、東北方、西北方、上方、下方。諸字，就是許多的意思。）一起對阿難說：你之所以受輪迴的緣故，和得到解脫的緣故，都在自己的**六根**上，（**六根**，就是眼、耳、鼻、舌、身、意六種。）意，就是念頭，因為一切虛妄的法，都是從眼、耳、鼻、舌、身、意，上生出來的。像種在地下的東西，都是從根上生出枝、葉、花、果、來的，所以叫做根。）不關旁的事情。可見得眼、耳、鼻、舌、身、意，這六種根的性，其實就是緣因佛性。因為不明白那一心的道理，（一心的道理，就是不論什麼事情、什麼境界，完全是這個一心變現出來的意思。）就算各種境界，都是真的、有的，起了種種分別、執著的念頭，造出種種的善業、惡業來，所以就轉到輪迴裏去了。

若曉得一切都是自己的心，各種境界，完全都是很清淨的相，沒有什麼可以使人煩惱的，那麼分別、執著的念頭，就自然起不來。又能夠可憐一切的眾生，他們不懂得這種道理，冤枉受那生死的苦，就發起普賢菩薩的**行願心**來，（**行**，就是修的工夫、修的功德。**願**，就是願心。普賢菩薩所修的，就是菩薩所發的大願心，大得不得了的，把自己所修的功德，完全回向眾生，希望一切眾生，一齊往生西方，將來個個成佛，一個也不留在這個惡濁的世界上受苦。

華嚴經上，有一種叫行願品，就是專門講普賢菩薩的行願。在夜課裏，有一大篇偈，大半是講普賢菩薩所修的大行、所發的大願心。）**懺悔罪業**，（懺字，是發露從前已經造的業。悔字，是禁戒後不再造業。兩個字的意思，是有分別的。）至誠的拜佛念佛，修種種的**淨業**，（淨業，就是修往生淨土的事業。淨土，就是西方極樂世界。）把這種功德，**回向**一切眾生，（回向有三種：

第一種，是**回事向理**，就是把種種的事相，都回轉來歸向到理性上去。像普賢行願品裏，用種種的東西，供養十方三世佛，這是事相，後來說回向無上真法界，就歸向到理性上去了。

第二種，是**回自向他**，就是把自己所修的種種功德，完全回轉來，都歸向到十方三世一切的眾生上去，完全布施眾生。

第三種，是**回因向果**，就是把所有修得種種功德，完全回轉來，歸向到佛道上去，希望將來能夠成佛。因為修功德，是成佛的因，將來成佛，是修功德的果，所以叫回因向果。

還有一種，叫**回小向大**，也可以叫回心向大。那是起初修的是聲聞、緣覺的小乘法，只曉得自己修，自己了脫生死，沒有度人的大心願。後來聽到了佛說法，把專門自己修的小願心，回轉來歸向到度人的大願心上去，專心修無上佛道，所以叫回小向大。

回向無上真法界，在夜課大懺悔文裏，有詳細解釋。小乘法，下面就會講明白。在夜課裏，也會講到回向。）**願意和他們一起都升到極樂世界去。照這樣修法，不但一定可以往生西方、並且還一定可以生上品的，**（因為心發得大，不但是為了自己求生西方，還要替一切眾生，求一起到西方去，功德很大，所以可以生上品。

往生西方，大略分**九品**，就是上品上生、上品中生、上品下生、中品上生、中品中生、中品下生、下品上生、下品中生、下品下生。

上品上生的人，可以立刻可見到佛，品位漸漸低下去，見到佛的時間，要等的比較長了。在觀無量壽佛經裏，講得很詳細。觀無量壽佛經，是一部佛經的名稱，因為這一部經，是教人學作觀法的。經裏有十六種作觀法，所以也可以叫十六觀經，再簡單的說，就叫觀經。作觀法，下面會講明白。）這就叫做**造業就是解脫**了。照這樣的修法，一定可以了脫生死的。

12 修法

講到佛菩薩的境界，不是我們凡夫可以比的。一定要照修行的方法，一步步修上去，不可以跨大步的。若是性急亂來，就像小孩子飛跑，一個不小心，就會跌倒，或是連性命都要送掉的。

現在有一種人，看了維摩詰經和涅槃經裏，有**淫**、**怒**、**癡**，就是**戒**、**定**、**慧**。**造業**，就是**解脫**，幾句經的道理。（淫，是男女情欲的事情。怒，是發火。戒，是禁戒，自己不做種種的惡事情、不轉種種惡念頭。定，是一心一意，專門用功佛法，不轉一點點別種亂念頭。慧，就是前面講過的智慧的慧。維摩詰經、涅槃經是兩部佛經的名稱。）他們絲毫不懂得，也不曉得細細的想想，單看了這幾句文字，心裏就想：淫，就是戒。怒，就是定。癡，就是慧。即使犯了淫、怒、癡，也沒什麼要緊的，就隨意造出種種的惡業來了，一點也沒有慚愧的心。並且還要看輕那守清淨戒法的人，說他是小乘法，不是大乘法。（小乘法，就是緣覺、聲聞所修的法。緣覺、聲聞，也有叫做二乘的。緣覺，也可以叫辟支佛，是專門修十二因緣的。大乘法，就是菩薩所修的法。

小乘、大乘的乘字，本來就是車，比喻佛法可以把這邊生死岸上的眾生，用這種車，載到那邊涅槃岸上去。所以佛法可以叫**佛乘**。

大乘，是比喻大的車，可以裝無窮無盡的眾生，到涅槃岸上去。就是說佛菩薩能夠度無窮無盡的眾生，了脫生死。

小乘，是比喻小的車，只可以裝自己的一身。就是說緣覺、聲聞，只能夠了脫自己的生死，不能夠度眾生。

涅槃，下面就會講明白的。）這種人叫做撥無因果，（撥無因果，是不相信有因果報應的道理。）將來一定要落到地獄裏去的，真是可憐！

從前佛在世的時候，有一個比丘尼（比丘尼，就是出家的女人。）叫做寶蓮香，她心裏想淫欲的事情，是不同於那些殺生偷盜，會害到別人的，這男女相愛的事情，是大家願意的，沒有什麼罪過。起了這個念頭，就做出了淫欲的事情來了。後來她全身的骨節裏，都發出火燒起來，便落到地獄裏去了。這是楞嚴經上說的，是的的確確的。

總之一切事情，都在這一個心，只有迷惑、覺悟的分別。心迷惑了，就什麼壞事都做出來了。心覺悟了，就完全是一腔正念，自然守住清淨的戒法。哪裏還會淫呢？正念安定得很，哪裏還會怒呢？正念明瞭得很，哪裏還會癡呢？

迷和**悟**，都是這一個心，並沒有兩個心的。淫、怒、癡和戒、定、慧，也都是這一個心。淫、怒、痴的心，就是戒、定、慧的心。戒、定、慧的心，就是淫、怒、痴的心，並不是有兩個心。所以說淫、怒、癡即戒、定、慧。心迷惑了，就起了淫、怒、癡的妄念，造出種種的惡業來。心覺悟了，明白清淨了，一點也沒有什麼牽掛束縛，那就自然解脫了。

業和**解脫**，也就是這一個心，所以說業即解脫。前面講過的苦即法身，煩惱即菩提，和後面的貪欲是涅槃，轉煩惱成菩提，都是這個道理。不過這些話，都是單講理性的話，（講理性的道理，看下一節裏，所講的貪欲是涅槃，就可以明白了。）照理性上說起來，一切眾生，本來都是佛。但是現在被無明蒙住了，不能覺悟了，變成了一個迷惑的眾生了，不能夠和佛一樣了，那麼怎麼可以只講理性，不講修法呢？

13 不斷煩惱

佛經上所說的，不斷煩惱而成解脫，那是講一種夙根最深的人，（夙根，是前生所種的根基。）明白那一心的道理，覺得煩惱本來是沒有的，還有什麼斷不斷呢？這個不斷的不字，並不是沒有的意思，而是**沒有什麼東西可以斷**的意思。

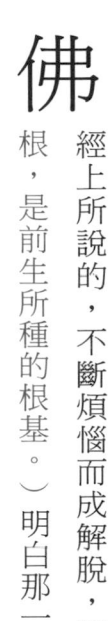

但是這種境界，不是平常人能夠做得到的。像楞嚴經上說：尚無不殺、不盜、不淫，云何更有殺盜淫事？這兩句的意思，是說那不殺生、不偷盜、不淫欲的念頭，尚且沒有，怎麼還會有殺生、偷盜、淫欲的事情做出來呢？

但是平常修行的人，是一定要把煩惱這東西，慢慢的修，修到斷盡滅絕。若可以不必斷掉煩惱，就能夠成功解脫的話，那麼為什麼一定要斷了見惑思，才可以跳出三界呢？為什麼佛要把**殺**、**盜**、**淫**、**妄**四種罪，定做**根本重戒**呢？（修行的人，應該守的戒多得很。出家的男子，應該要受兩百五十條戒。出家的女人，應該要受五百條戒。但是最重的四條戒，就是這殺、盜、淫、妄，叫做根本重戒。

妄，就是說假話，在阿彌陀經白話解釋裏，「皆是大阿羅漢」一句底下，有詳細解釋。）

諸法無行經上說：（諸法無行經，是一部佛經的名稱。）貪欲是涅槃，（涅槃，是梵語，完整說起來，應該是摩訶般涅槃五個字。翻譯成中文，摩訶是大，般涅槃是滅度。

滅是滅生死，度是度生死，就是不生不滅。

在阿彌陀經白話解釋裏，「佛說阿彌陀佛」一句底下，有詳細解釋。）恚、**癡亦如是**，（恚，就是發火動氣，同瞋字一樣的意思。）如此三事中，（三事，就是貪、瞋、癡。）有無量佛道。這幾句話，是說貪、瞋、癡這三種性，本來就是無生法。當這個念頭起來的時候，就去追這個念頭，究竟是從什麼地方起來的？各處都搜尋了，最後才知道沒有這個念頭的起處，就曉得一切的妄念，其實本來是無生的。

有無量佛道這句話，是說上面所說貪、恚、癡三種業，有無量無邊的佛道在面，（所說的無量佛道，就是貪欲是涅槃等種種的道理。）這是很方便用於研究佛理的。所以下面又說：若人有我心，及有得見者，是人為貪欲，將入於地獄。這四句話是說，若是一個人確實是有「我的」那種心，以及認為「有什麼東西可以得到」的那種見解，那麼這個人，就要被貪欲的心，送到地獄裏去了。

照這樣說法，就可見這貪欲的心，實在是萬萬有不得的，貪欲的事情，更加是萬萬做不得的。除非是那已經證得無生法的大菩薩，為了要度脫有緣的眾生，定要用那一種方法，才可以度他，那麼就現出遊戲三昧貪欲的形相來。（**三昧**，是梵語。翻譯成中文，叫做正定。不偏不邪叫正。不昏迷、不散亂，叫定，也可以叫正定。是說正當的受用，其實就是定心。）

遊戲三昧這句話的意思，就是用這個定心去做那遊戲的事情。佛經裏常常用著**三昧**兩個字、其實還有功夫已經很深的意思在裏面，像下面所講的念佛三昧、般若三昧、法華三昧，都是這個意思。）但是能夠現出這種假形相的大菩薩，是已經沒有一點點「有我」的那種心的了，也沒有一點點「可以得到什麼東西」的見解的了。像我們這種凡夫，怎麼能夠和大菩薩比，隨便做出這種犯重戒的事情來呢？

並且我們真的能夠把身體一切，都看空了，那麼還有什麼貪欲的心，會生出來呢？就因為不能夠看空，認定了有一個我，所以要起這貪欲的念頭。能夠自己覺得錯了，在這個起心動念上，用心研究佛法，那也是轉煩惱成菩提的一種法門。（煩惱，是從妄心裏生出來的。能夠把妄心消滅了，清淨的真性，就自然會顯出來，那麼就完全是智慧了。所說的轉，是把虛妄心，轉變成清淨心，就是煩惱轉成菩提了。）若是弄錯了，當做貪欲就是菩提也不礙事的，就造出惡業來，那麼就是種下了下地獄的種子了。

因為這種道理，才學佛法的人，往往容易弄錯，落到魔鬼道裏去。所以你問了我，我就說這許多的話來，一來是藉這些話來懺悔自己的罪業，二來是勸奉學佛的人總要修**十善業**，（殺生、偷盜、邪淫，三種身業。妄言、兩舌、惡口、綺語，四種口業。貪、瞋、癡，三種意業。總共是十種惡業。都能夠不犯，就叫十善業。在阿彌陀經白話解釋裏，「皆是大阿羅漢」一句底下，有詳細解釋。）相信因果，依照觀無量壽佛經上，所說的各種修淨業的法門去做，那麼將來大家都可以生到西方極樂世界去了。

14 真心與妄心

那人道：一切善惡的事情，都是從自己心上起的。這種道理，我是相信的。講到那外面的各種境界，不管你心裏愛它、恨它，它總是那樣子的。自己心外面的東西，明明是和自己的心，各不相干的，怎麼可以說都是自己的心變現出來的呢？

我道：你不要不相信，我再把這種道理，細細的講給你聽。心有兩種的分別，一種是真心，一種是妄心。（妄心，是亂想的心，不清淨、不真實的心。）**真心**，就是一切眾生的根本法身，是永遠不改變的，所以叫做真如性。**妄心**，是從接觸了外面的境界纏起的，是時時刻刻變換的，所以又叫做生滅心。（忽然生出一個念頭來，忽然這個念頭滅掉了，忽然又另外生出別的念頭來。忽然生、忽然滅，所以叫做生滅心。）你剛才所說的心，是妄心，不是真心。妄心是事事窒礙的，真心是處處通靈的。

所有一切的**色法**、**心法**，（眾生自己的身體、和外面世界上所有看得見的一切東西，都叫**色法**。**心法**，就是心裏生出來的種種法。）都是從這真心裏，變現出來的，所以又叫做如來藏心。（藏字，和庫藏一樣的意思，是藏放東西的，譬如人的本性，不論什麼法，都完全包藏在這裏面，像庫藏一樣。）那些變現出來的東西，都沒有體性，都是空的、假的。只有這個真心，是有體性的，是實在的。所以一切的法，只是一個真心，並沒有一些旁的東西，所以又說是**唯心**。（唯字，是「只有」的意思。唯心，是說只有這個心，就是不論什麼，完全是這個心變現出來的，都是虛的、假的。只有這個心，是真的、實在的。這是極淺的解釋，要詳細講，那就說不完了。）

諸佛菩薩，因為證得了這個真心，所以有各種的自在神通，能夠把須彌山放在芥菜籽裏，（**須彌**，是梵語，翻譯成中文，是「妙高」兩個字，是四大洲中間的一座山。這一座山，是金、銀、琉璃、玻璃，四種寶貝合成的，並且比任何山都高大，所以叫它妙高。在大海裏，露出水面上，有八萬由旬。在水底下，也有八萬由旬。

須彌山的形相，是上大下小的，我們的婆娑世界，在須彌山的南面、鹹水海裏。在阿彌陀經白話解釋裏，「從是西方過十萬億佛土」一節底下，說得很詳細。

玻璃，不是現在大家用的玻璃，是另外一種寶貝。

每一**由旬**，有四十里。

婆娑世界，就是現在我們這個世界。婆娑，是梵語。翻譯成中文，是堪忍兩個字，就是說這個世界極苦，這個世界上的人，能夠忍耐得住的意思。）而須彌山並沒有縮小，芥菜籽也沒有放大，你想稀奇不稀奇呢？諸佛菩薩還能夠把極短的時候，變做極長，把極長的時候，變做極短，所有過去、未來的一切時劫，（未來，是還沒有來，就是將來的意思。

劫字，本來是記極長時間的數目單位，因為是說極長極長的時間，所以不叫時間，叫時劫。）完全都收在現在的一個念頭裏面，你想稀奇不稀奇呢？

從前有一個高僧，名叫靈潤，他和幾個出家的人去遊山。走到一處荒野地方，忽然四方都火燒起來了，那些人都嚇得跑散了，只有靈潤和尚仍舊照常走他的路。他對那些人道：心的外面，沒有東西的，這火其實就是自己的心變現出來的，不是真的。如果說這火是可以逃避的，那就認為真的有這個火了，就免不了要被火燒了。後來這火燒近潤靈和尚的身邊，就自然熄滅了。若是這火不是自己的心變現出來的，為什麼潤靈和尚認為不是真的火，火就會依了靈潤和尚的話，就熄滅了呢？

還有一個高僧，大眾稱他生公的，他在我們這世界上的時候，涅槃經的下半部，還沒有傳到中國來，他就說一闡提的人，也有佛性的。（一闡提，是梵語。翻譯成中文，是不相信佛法、不相信因果報應、不喜歡親近善人的那種人。）大家都說他是違背佛法，不相信他的話。有一回，他到蘇州虎邱山，一個人坐在一塊石上，對旁邊豎起的石頭說道：一闡提有佛性嗎？那些石頭都向他點頭。人家常常說的生公說法，頑石點頭，就是這個出典。後來中國得到了涅槃的下半部，經裏頭真的說，一闡提也有佛性的。倘使那些石頭，不是自己的心變現出來的，怎麼會點頭呢？

講禪宗的六祖大師，（禪宗，是專門從禪定裏，悟到自己本來的面目，就是用靜坐工夫、參究佛理，見到自己的本性。也是一種最上等修行的方法。）得了五祖傳他的衣鉢，（五祖，是六祖的師父。這個衣鉢，是佛傳下來的，若是能夠了悟自己的本性，可以代佛宣傳佛法、化度眾生，才可以得到這種衣鉢。並不是尋常人所用的衣鉢，這是表示傳法的意思。）回到廣東韶州府地方，住在寶林寺裏。有些惡人，要去害他，六祖避到了前山去，那些惡人，就把前山放火燒起來，六祖把身體隱了，挨到石頭裏面去，就免除了這個難關。現在，石頭上面，還有六祖盤膝坐在那裏的痕跡和布衣的紋路哩！如果身體和那石頭，是實在有的，那麼怎麼能夠把身體挨到石頭裏面去呢？看了上面所說的各件事情，還能說各種境界，是心外面實在有的東西，不是自己的心變現出來的嗎？

15 真心的作用

那人道：你所說的，都是佛菩薩的情形，佛菩薩是因為得到了種種的神通，所以能夠要怎樣就怎樣。若是一切境界，真的都可以跟著自己的心改變，那麼我們為什麼，就不能夠把各種境界，跟著自己的心改變呢？為什麼我們就做不到呢？

我道：你想，佛菩薩的神通，都是在心外面得來的法術嗎？要曉得神通兩個字，是說自己的心，能夠自在靈通的意思，其實就是自己的真心作用。我們凡夫，因為有了種種的妄想心，把真心遮蓋住了。真心的自在靈通，不能夠被發現出來，所以不能夠要怎樣就怎樣。只要能夠把妄想的心，完全除掉了，那麼就和佛菩薩一樣，要怎樣就可以怎樣了。我再說兩件典故，給你聽聽，你就可以曉得凡夫的情形，和佛菩薩的情形是不一樣的。

從前周朝的時候，有一個種田的老年人，叫做商邱開。有一天，有兩個人借住在他的家裏。到了半夜裏，兩個人還在那裏講話，講的是晉國的范子華，怎樣的有大勢力，能夠使得富的變窮，窮的變富。商邱開聽見了，到了明天就一路尋到范子華的門上來，那個范子華家裏的客人，都看不起他，一一的取笑他，欺侮他，商邱開總是恭恭敬敬的對他們。

他們想商邱開是個呆子，有意尋他開心，和他登上很高的臺上去。這許多人裏，有一個人說道：哪個能夠跳下去的，賞他一百兩銀子。商邱開聽了，就先跳下去，那臺是很高的，商邱開好像是空中裏的飛鳥，落到地上，絲毫沒有受傷。大家還不覺得稀奇，後來又到黃河的灣頭，水最深的地方，對他說道：這裏面有最貴重的寶珠，只要能夠下去，就可以得到。商邱開聽了這話，又下水去了，不多一刻，他上來了，真的得到珠寶。那些范家的客人，才覺得有點稀奇了。後來范家的庫房，被火燒起來了，范子華對商邱開說道：你若是能夠到火裏去，取出東西來，那麼所有取得的東西，不論多少，一起給你。商邱開真的就走到大火裏去了，出出進進好幾回，身上的衣服，竟然沒有一點燒著。

大家看了這種情形，都說商邱開是得道的聖人，所以就一起向他謝罪。商邱開才曉得他們是作弄他，就對那些人說道：我並沒有得到什麼道，只不過是因為起初聽了你們的話，心裏起了一種堅固的信心，我想你們所說的話都可以做的。所以儘管你們怎樣的說法，我總是聽你們的話，沒有想到自己的身體上面去，也沒有想到水會淹死人，火會燒死人的危險。現在曉得了你們是騙我的，回頭來想想，倒覺得很可怕了，以後再也不敢到水裏、火裏去了。

你想那商邱開，為什麼能夠不被水淹死，不被火燒死呢？就因為水和火，也都是自己的心，現出來的一種虛假的相，實在都是空的。只要不動妄心，完全是真心作用，那水、火就是空的、假的，不會害人了。那些被淹死、燒死的人，都因為他們起了分別、執著的心。把水、火認為是實在有的東西，心裏認為有，那就真的有了，所以就受它的害了。商邱開的不死，就好在他能夠不動妄心，所以這水、火，反倒是虛妄的了，空的、假的了。若是那水、火實在是真實、有的，不是自己的心變現出來的，那就不動妄心，也一定免不了要被淹死、燒死了。

還有一件，也是周朝晉國的事情。晉國有一個做大官的，叫做趙襄子，他帶了許多人，到山裏去打獵。因為要捉野獸，把那幾百里地方的樹林，一起放火燒，使各種野獸，都從樹林裏跑出來。你想那種火勢，還得了嗎？在那時候，大家看見有一個人，從石壁裏面走出來，在煙火裏走，大家都疑惑他是鬼，不是人。

後來火燒過了，那個人慢慢的走近了，趙襄子覺得奇怪極了，特地把他留住，細細的看他，實在不是鬼，是一個人。趙襄子就問他：你怎麼能夠把身體躲在石壁裏面？又怎麼能夠到火裏去的呢？那個人道：什麼東西叫做石頭？什麼東西叫做火？趙襄子道：方才你的身體，就是從石頭裏出來的，你所經過的地方，都是火。那個人道：這些事情，我都不知道，我好好的在那邊走路，一點都沒有看到什麼石壁？什麼火呀？照這樣看起來，只要心裏不起分別、執著的念頭，一切都可以自在的。若是這個身體，和那石壁，和那火，不是自己的心變現出來的，不是空的、假的，不真實的，為什麼那個人能夠自由自在的進出，一點也沒有阻礙呢？看了這兩件事情，應該把你心裏的疑惑，完全都去掉了。

再講世界上有各種的邪教，他們有的會隱身法，能夠把他們的身體，隱藏得一點也看不見。不論什麼東西，都能夠把身體隱藏進去，像虛空一樣，一點都沒有阻礙。還有一種，會五行遁的，（五行，就是金、木、水、火、土的五種。遁字，是避去的意思。）能夠借了五行的任何一種，把身體遁去。也有會縮地法的，能夠把幾萬里、幾千里的路，縮成了幾步的。他們對「所有的一切，本來都是空的、沒有一定的」這種道理，都不知道，就算是自己用了功夫，得到了這種法術，哪裏曉得除了自己的真實心作用外，有什麼法術可以得到呢？

而且他們只曉得用一些邪定的功夫，（雖然也用定的功夫，不過是邪的、不是正的，所以叫做邪定。）所以儘管會那種遁法，終究是沒有什麼大用處的，最後不能夠了生死，只成了各種的邪術罷了。（邪術，就是邪的法術。）如果那個身體，和外面的一切東西，都是實在的，為什麼能夠隱藏身體？為什麼能夠從牆壁、水火裏遁去？為什麼能夠把遠路縮成近路呢？就因為其實都是自己的心變現出來的，所以自己的心，能夠作得了主呀！

16 心與相

那人道：我看見佛經上，總是說一切的境界，都是妄心變現出來的。那個真心，是清清淨淨，沒有一些形相的。怎麼你又說一切的心，都是從真心裏變現出來的呢？真心既然是很清淨的，沒有一些些形相的，怎麼會變現出一切法來呢？

我道：真心、妄心，實在並不是兩件東西，真心就是妄心的體性，妄心就是真心的用相。（用字，是用處的意思。用相，就是用處的形相。）真心雖然不變，但是能夠**隨緣**的，（隨字，是跟隨的意思。跟隨了各種因緣，生出一切的法來，叫做隨緣。）從那真如的本性上，隨了種種的業緣，現出種種生滅的虛假形相來，所以說真心完全成了妄心。真心雖然隨緣，但是終究不變的，儘管現出一切生滅的形相來，其實仍舊還是完全的真如性，所以說妄心完全就是真心。

真心，就是上面所說的如來藏心。真心的性，叫做真如性，也叫做圓成實性。**妄心**就是心心所法，（心法和心所法，合併起來說，叫做心心所法。後面會講明白。）因為是依傍了各種境界才起的，所以叫做依他起性。這一種依他起性，就是真心隨緣的作用，實在也是真實法，並不是虛妄法。

那麼為什麼說是妄心呢？

因為一切凡夫，有種種的迷惑，不明白唯心的道理，在自己的心所變現出來的一切境界上，胡亂起了種種的**分別心**、**執著心**。這就是叫做**遍計執性**的那種性，這種遍計執性，就完全是迷惑，完全是虛妄法了。凡夫的起心動念，總免不了這種遍計執性的，因為依他起性裏，有這種遍計執性，所以就叫做妄心。妄心所現的相，完全是虛相。因為心既然是虛妄的，所以相也是虛妄的。分別心、執著心，都是障礙心，所以所現的相，也是種種障礙的。

真心，是真實的平等心，所以所現的相，叫做**真如實相**，（真如實相，就是真實的相，不是虛妄的相。）完全是圓融、沒有障礙的。

總之一切境界的相，都是隨自己的心變現的。真心、妄心，只是一心。虛相、實相，只是一相。（**所有一切的相**，都是虛的、假的，完全都是這個心。眾生不明白完全都是這個心的道理、錯認為真有這種種相的，所以叫做虛相。

佛明白這個道理，曉得完全都是這個心，就叫做實相。無論是虛相、實相，都是這個心，所以叫只是一相。只是一相，實在就是只是一心。）經裏雖然說一相無相，其實並不是真正沒有一點形相，不過是沒有那種虛妄障礙的相，只有完全清淨，完全圓融的那種實相。

實相的身體，（實相，是真實心所現的相，其實是並沒有什麼身體的。因為沒有名稱可以叫，所以勉強說是身體。）叫做**清淨法身**，實相的國土，叫做**常寂光土**。（常，是常常那種樣子，永遠不變動的意思。寂，是不動的意思，還有完全清淨、一點沒有寂然迷惑障礙的意思。光，是照一切相的智慧光，還有周遍都照到的意思。這常寂光土，只有佛能夠住的國土。）雖然有身體、國土兩種的名稱，其實是圓融無礙，不可以分別的。這種身體、國土的相，說它是一，卻不是一，說它是二，又不是二，其實是不著相的相。方便說法，叫做**無相**。不明白這個道理，錯認為真心沒有現出相來，那就把真空認做頑空了，這個叫做**斷滅知見**。（斷，就是截斷的意思。滅，就是消滅的意思。知，是正的知識。見，是正的見解。

斷滅知見四個字，合起來講，就是沒有正知正見、違背佛法的正意的。）學佛法的人，最忌有這種不正當的知見。

要曉得有了心便有了相，譬如燈光，有了燈，便有光。燈是光的本體，光是燈的功用。（功用兩個字的意思，是有功效的用處。）心是相的本體，相是心的功用，體不離用，用不離體，（因為有了心，便有相。有了燈，便有光。就是有了體，便有用。有用的，就一定有體的。所以說體不離用，用不離體。）這是一定的道理。所以說**心是法界**，（界字，本來是界限的意思。法界，就是一切法的界限。

在佛法裏，往往用這個法字，譬如相可以叫法相、性可以叫法性。其實界字和種類的類字是差不多的，所以從佛起，一直到地獄道的十道，也可以叫十法界。

這裏說的心是法界，就因為各界的相，都是這個心變現出來的，所以說心就是法界。）就因為一切的法，都是從自己的心生出來的。

17 八識與五一心所法

那人道：你說的心心所法，我讀佛經，常常看見這個名稱，究竟是怎樣解釋的呢？

我道：**心法**就是識。識有八種，**第八識**是主，有種種的別名。因為這個第八識，能夠包藏一切的法，所有一切善法、惡法、世間法、出世法的種子，（世法，是世界上的種種法。出世法，是三界外的種種法。）都包藏在裏面的，所以叫**藏識**，梵語叫**阿賴耶識**。

又因為一切善法、惡法、世間法、出世法的種子，在這個第八識裏，沒有一樣不完全的，所以又叫**種子識**。

並且因為有了這個識，能夠使所有各種性的種子，不會散失，受報的眼、耳、鼻、舌、身、等種種色根，（眼、耳、鼻、舌、身，都叫做色，因為有形相看得見的緣故。）也不會忽然的變壞，所以又叫做**執持識**，（持執，就是保守的意思。）梵語叫做**阿陀那識**。像這樣的各種名稱，都是就凡夫的地位說的。

到了那成佛的時候，這個第八識裏所有生滅性的種子，（講到佛法真正的道理，是沒有生、也沒有滅的，只有我們凡夫的妄心，是忽然生、忽然滅的。）就都完全消滅了，只有清清淨淨的一種不生滅性了，那就叫**清淨識**，梵語叫做**菴摩羅識**，這是大略解釋第八識的道理。

還有七種識，都叫做轉識。識字，是流轉、轉動的意思，因為這七種識都是隨了境界流轉的，所以叫做轉識。這是概括的名稱。

若是就各別的名稱解釋，那麼第七識叫做**我執識**，因為這個識，認為第八識是我，所以常常起我見、我貪、我慢、我癡，四種執著心，（見字，是偏見、邪見，因為捏定了有一個我，是生出見、貪、慢、癡，四種心來。所以在見、貪、慢、癡，四個字上面，都加上一個我字。）所以說是我執識，梵語叫做**末那識**。

前六種識，都叫做了境識。了，是明瞭，就是辨別清楚的意思。境，是色、聲、香、味、觸、法，六種外面塵相的境界，（凡是眼睛看得見的，都叫做色。凡是耳朵聽得到的，都叫做聲。凡是鼻所嗅得到的，都叫做香。凡是口所嚐得到的，都叫做味。凡是身體能夠碰得到的，像冷、暖、乾、濕、痛、癢，都叫做觸。法字，在開頭已經講過了，這色、聲、香、味、觸、法，六種，就叫做色塵、聲塵、香塵、味塵、觸塵、法塵，**六種塵**。

塵字，是渾濁不清淨的意思，因為娑婆世界，是污穢世界，這六種也都是不清淨的、污穢的，所以叫做六塵。塵相，就是這六塵的相。）因為這六種識，都有辨別境界的力量，所以叫做境識。

分開來說，因為這六種識，是依了眼、耳、鼻、舌、身、意，的六根起的，所以分別叫做**一、眼識**。**二、耳識**。**三、鼻識**。**四、舌識**。**五、身識**。**六、意識**。（因為眼、耳、鼻、舌、身、意、六種，碰到了色、聲、香、味、觸、法，這個識塵，就要動起來了。所以叫做眼識、耳識、鼻識、舌識、身識、意識。

這各種識，都是不清淨的，所以叫做識塵。）

上面所講的八種識，又都叫做**心王**，因為是一切心所法的主腦，就是心的王，所以叫心王。

心所法，是依了心的勢力，分別生起來的，所以叫心所有法。簡單說，就叫心所。

心所和八識心王是相應的，（相應，就是相合、可以合起來的意思。）也有不相應的。單是**第六的意識**，一共分做**六位**，就有**五十一個心所法**。（**三位**，是二十一個**善心所法**。**兩位**，是二十六個**惡心所法**。**一位**，是四個**不定位心所法**。）

第一位叫**遍行位心所**，有**五**個心所。都是周遍一切境界的，一切的心起來，它必定跟著同時起來的，所以叫做遍行。就是觸、（能夠使心和心所，接觸現前的境界。）作意、（能夠警動這個心，叫它生起來。）受、（領受各種苦樂的境界。）想、（從境界上取著各種相貌。取，是拿的意思。取著，就是著牢在上面、捨不得放的意思。）思，（起心造業。）的五個心所法，和第八識相應的，只有這種遍行位的五個心所。別種心所，就和第八識不相應了。

第二位叫**別境位心所**，也有**五**個。因為它所攀緣的各種境界事相，（攀緣，就是這個心攀住在境界事相上的意思。緣字，也就是攀的意思。事相，凡是有相的，都叫做事相。）大都各別的，所以叫做別境，就是欲、（有希望的意思。）勝解、（是完全的決定心。）念、（記著從前的事情，念念不忘記。）定、（使這個心，專門著在一個境界上。）慧，（能夠辨別境界，斷除疑心。）的五個心所法。

第三位叫**善位心所**，有**十一**個。第一是信，佛經裏說：信為道元功德母。因為這個信心所，能夠引起一切的善法，所以說是道元。（元字，是根本的意思。道元，就是道的根本。）一切的功德，都由它發生，（像母親生出兒子來。）所以說是功德母，一切高深玄妙的佛法，（玄字，是奧妙的意思。）只有這個信心能夠引得進去。所以修淨業的人，三種資糧的第一種，就是這個信心。（三種資糧，第一是信，第二是願，第三是行。資糧，是本錢、是糧食，譬喻出門用的盤纏。信、願、行三種，就是往生西方的盤纏，出門靠銀錢做盤纏，往生西方，靠信、願、行做盤纏。）勝解心所，是信心的因。欲心所，是信心的果。沒有這個信心，就一定不能夠學成佛法的。所以菩薩的行位，（位子的高低，看功行的深淺。這種位子，是功行的位子，所以叫功行位。）開頭就是十信位。除了這個信心所，還有慚、（依靠自己的心力，能夠曉得看重善法，不敢犯罪。）愧、（對於一切世界上的惡法，能夠曉得羞恥，拒絕不做。）無貪、（對了一切順心的事情，不起貪心。）無瞋、（對了一切逆心的事情，不起恨心。）無癡、（能夠明白一切事情的真正的道理。）勤、（就是勇猛精進心，一點不懶惰。）安、（身心調和，沒有昏沉心。）不放逸、（就是一心修行，不敢放散心念的意思。）行捨、（捨去各種惡心，不敢起浮動心。）不害，（對了一切眾生，不起害他的心。）連信心所，總共是十一個善位心所法。

慚心，是從自己的心起的。愧心，是對他人起的。慚心，是修善的因。愧心，是滅惡的因。無貪、無瞋、無癡，又叫做三善根。勤，是使善心有進步。

安，是調和自己的心，使心不昏沉。不放逸，是使善心不退失。行捨，是定息自己的心，使心不浮散。不害，就是悲心。

這十一個善位心所法，和那遍行位、別境位，兩種心所法，都有相應的道理。佛經上說的三十七品助道品，（三十七品助道品，都是修行的法門，下面所講的四念處、四正勤、四如意足、五根、五力、七菩提分、八聖道分，合起來就是**三十七品助道品**。在阿彌陀經白話解釋裏，「其音演暢五根、五力、七菩提分、八聖道分、如是等法」一節底下，有詳細解釋。）就是用這個善心所、和遍行、別境，兩種心所法修。

三十七品助道品裏的四念處，是念心所的正主，勝解心所的輔助。

四正勤，是勤心所的正主，欲心所、和行捨心所的輔助。

四如意足，是定心所的正主，欲、勤、念、慧四種心所的輔助。

五根、五力，就是信、勤、念、定、慧的五個心所法。

七菩提分、八聖道分，都是慧心所的正主，別的各種心所的輔助。

總之學一切佛法，總離不掉這個遍行位、別境位、和善心位的二十一個心所法的。

還有二十六個心所法，那是各種煩惱心所，所以都是**惡心所**，分做兩位。**第一位**，是貪、瞋、癡、慢、疑、惡見，（惡見，就是我見、邊見、邪見、見取、戒取的五種。）**六**個心所，是一切煩惱的根本，所以叫做根本煩惱，也就是各種見惑。

第二位，是忿、（心裏不平。）恨、（心裏怨恨。）覆、（隱藏自己的罪過。）惱、（對他人發火。）嫉、（妒忌他人。）慳、（捨不得財物、氣量小。）誑、（欺騙他人。）諂、（趨奉他人。）害、（傷害他人。）憍、（就是驕傲。）這**十**個心所，叫小隨煩惱。因為都是跟隨了各種根本煩惱起的枝末煩惱，（枝末，是從根本上生出來的枒枝，同根本恰好相反的。）所以叫做隨。

又有無慚，無愧，**二**個心所，叫中隨煩惱。

掉舉、（心思浮 。）惛沉、（心思糊塗。）不信、（沒有相信正法的心。）懈怠、（是懶惰心。）放逸、（放縱心思。）失念、（沒有記性。）散亂、（雜念紛亂。）不正知、（見解不正當。）**八**個心所，叫做大隨煩惱。

這大、中、小的分別，是就三種心所的大小、寬狹上說的，不是在過失的輕重上說的。這二十個隨煩惱心所法，都是跟隨了各種煩惱性起的，所以叫做隨煩惱。

還有一種，是四個**不定位心所**，是悔、（想到從前所做的事情、或是還沒有做的事情，起懊悔心。）眠、（就是睡眠。）**尋**、（推究各種事情，是一種 相的動心。）伺，（考察各種事情，是一種細相的動心。）**四**個心所。因為這種心所法，善惡不一定的，所以叫不定位心所。（上面的遍行位五個心所、和別境位五個心所，也都是善惡不定的。不過遍行位心所，是周遍一切境界的，和一切心一起起的。別境位心所，所攀援的各種境界事相，都是各別的。這兩種性質，和下面所說的四個不定位心所是不一樣的，所以叫遍行位心所、別境位心所，不叫不定位心所。）

總共是五十一個心所法。

第七識，只和我貪、我癡、我慢、我見，四種根本煩惱相應。

第六識和六位五十一個心所法，完全相應的。

前五識，（前五識，就是眼識、耳識、鼻識、舌識、身識，五種。）和遍行位心所、善位心所，根本煩惱裏的貪、瞋、癡、三種，又中隨煩惱、大隨煩惱，都有相應的道理。但是和別的心所，都不相應的。

這是心王、心所的大略情形。

18 百法

這**八個識**、**五十一個心所法**、**十一個色法**、（就是眼、耳、鼻、舌、身，的五根、和色、聲、香、味、觸、法，的六塵，都叫**色法**。）**二十四個不相應法**、**六個無為法**，總共是一百個法。佛經裏所說的**百法**，就是這幾種。所有十法界聖人、凡夫、善的、惡的，種種法，都包括在裏面了。

不過說起來很繁雜，又不容易明白，所以只把總名稱提出來，曉得一點即可了。二十四個不相應法、六個無為法，也不詳細解釋了。（若是要曉得詳細，可請一部專門講這種法的書，叫百法明門論，看了便能明白。）總之這種種法，都是從真實心上現出來的種種虛妄的法相。若不起取著的心，那麼自己的心相，尚且尋不到，那些虛妄的變相，還從什麼地方生起來呢？所以對一切境界，不起分別心、執著心，是學佛法第一要緊的事情。只有修淨土法門的，即使是起分別心、執著心，都不妨礙的。因為這個淨土法門，本來就是因緣所生法。

愛取，是後世投生的因，（愛字，是喜歡的意思。取字，是要的意思。）本來是要不得的，但是對淨土法門，就是要有愛取的心。愛淨土、要淨土的心，越堅固，那往生淨土的希望，就越穩當了。但要求往生的品位高，那還是要明白**一心不二**的道理的。（一心不二的意思，是說不論什麼事情、什麼境界，全在一個心、沒有第二種道理的。）講到那一心不二的正道理，那不只是八個心法、（就是八識。）五十一個心所法，完全只是一個心。即使是十一個色法，二十四個不相應法，六個無為法，哪一種不是這一個心呢？

19 三身・四智・五眼

那人道：我聽說佛有三身、四智、五眼，一個人有了三個身，不是變成三個人了嗎？有了五種眼，不是就應該有五種身體了嗎？

我道：佛的三身，就是法身、報身、應化身。

法身，就是自己的真性，並不是四大和合，像我們凡夫的這種身體，所以也叫做自性身。這是佛所證得的真正清淨法界，也就是報身和應化身的根本。離開了一切心思言語的境界，有了完全無量無邊、真常不變的功德，一切法平等的真實性，才可以叫做法身。（這裏解釋的法身，可以和前面的解釋，對照比較。）

報身，就是自己的智慧性，也叫做受用身。但是受用身有兩種，一種是**自受**

用身，是諸佛修了三大阿僧祇劫，修成了種種的福德智慧，積成了無量無邊的真實功德，顯出光明遍照的身來，永遠受用那清淨的佛果報的真樂。一種是**他受用身**，是因為要教化那證得法身的菩薩，（要到了圓教十住的地位，才證得法身，可以稱得法身菩薩。）特地現出種種相好莊嚴的佛身來，（相好，就是極好的相貌。）說種種的真實法，使得受到教化的眾生，都得到受用。

應化身，就是佛的色身，也可以叫應身。（意思是要應眾生的機緣，所變化的佛身。機緣兩個字的意思，是從前結過的緣，到了熟的時候了，就是機會到了。）一切有緣的眾生，修到了根機熟的時候，佛就現出這種，或是一丈六尺，或是八尺的金身來對他說佛法，把他度脫。釋迦牟尼佛在娑婆世界，說法教化眾生，就是現的應化身。但是應化身有兩種，三乘聖人所見的，（三乘，就是菩薩、緣覺、聲聞。）是勝應身。凡夫所見的是劣應身。（勝應身，是好得了不得的好相，就是所說的有八萬四千種好相。劣應身，就是丈六、或是八尺的身體。）

法身和自受用報身所住的國土，叫做**常寂光土**。（常寂光土前面已經解釋過。）他受用報身所住的國土，叫做**實報莊嚴土**。（受真實的果報，現出種種清淨莊嚴的國土，是法身菩薩所住的。）應化身所住的國土，是**方便有餘土**，（這種土，是沒有證得法身的菩薩、和那回心向大的羅漢所住的。有餘，是還有餘剩的意思，就是因為還有變易生死，沒有了脫，無明也沒有破，應該要消滅的，還沒有消滅完，還有些餘剩，所以說是有餘。）和**凡聖同居土**。（凡夫聖人一同住的，就是現在我們所住的國土。凡是剛剛往生西方的人，沒有證到無生法忍的，也還都是凡夫，所以極樂世界，也是凡聖同居的國土。

無生法忍的無生兩個字，本來是沒有生滅的意思，加一個忍字，是比那明白無生法的人，心裏更安定、沒有一點點妄念起來的意思。在阿彌陀經白話解釋裏，「眾生聞者、應當發願、願生彼國」一節底下，有詳細解釋。）

實在講起來，三身還只是一身，四土還只是一土，有怎麼樣的功德，就現出怎麼樣的相來罷了。但是講到這個相，又明明的有三種身相，明明的有四種土相，這是不可思議的。（思，就是想。議，就是說。不可思議，就是不是心能夠想得到、話能夠說得盡的意思。）

佛的四智，就是凡夫的八種識轉成的，前五種識，轉成了**成所作智**。（成就一切所做的事情，叫做成所作智。）第六識轉成了**妙觀察智**。（觀字，意思就是用微妙的智慧，去觀看查察一切境界，不起分別心，叫做妙觀察智。）第七識轉成了**平等性智**。（沒有絲毫我執的心，叫做平等性智。）第八識轉成了**大圓鏡智**。（能夠現出非空非有的身相、土相，一切色像，叫做大圓鏡智。非空非有，就是也不是空、也不是有的那種相，這是佛菩薩的境界。）第六識和第七識，是從因上轉的，前五識和第八識，是從果上轉的。

佛的法身、自受用身，和常寂光土，是大圓鏡智所現的。

佛的他受用身，和實報莊嚴土，是平等性智所現的。

佛的應化身，和方便有餘、凡聖同居兩種土，是成所作智所現的。

妙觀察智、觀察自己的和他人的功德過失，宣說種種妙法，破眾生的一切疑惑，可以使一切眾生，享受種種的安樂利益。

能夠明白了識轉成智的道理，就可以曉得煩惱性，其實「就是」菩提性了。（因為識既然可以轉成智，那麼煩惱自然也可以轉成菩提了。煩惱和菩提，一樣是一個，所以叫做「就是」。）

五眼，是肉眼、天眼、慧眼、法眼、佛眼，五種。五眼並不是有五種眼根，是一種眼根上有五種的功用。（功用兩個字，就是功效和用處的意思。）

肉眼就是我們凡夫的這種眼，只看見近處，看不到遠處，有了一點障礙的東西遮住了，就看不見了，這種叫做肉眼。

天眼有兩種，一種是從福報得來的，（福報，是有福的報應。）像一切天人所得的天眼。（天人，就是天上的人。）一種是從苦修得來的，像佛弟子阿那律所得的天眼，比從福報得來的天眼，勝過許多了。若是佛菩薩所得的天眼，又勝過阿那律的天眼許多了。不過天眼雖然比肉眼好得多，究竟還是凡夫的眼，（天眼，是天上人的眼。天上的人，既然不是賢人，更加不是聖人，只算是凡夫而已。）比不上慧眼、法眼、佛眼，這三種眼是聖人的眼。

慧眼，是緣覺、聲聞的眼，能夠明白見到一切法，真空的道理，就是破了見思惑，證得了真諦的智慧相。（真諦和下面的俗諦、中道第一義諦，前面已經大略講過，在後面還有解釋哩！）得這種慧眼的人，所有十法界裏，一切法的大小名字，完全看得明白清楚。（十法界，就是四聖法界，和六凡法界。名字，就是名稱。）所以也叫做一切智，（明明白白的見到一切法，只是一個真空的理性，沒有兩種相的，叫做一切智。）這是二乘聖人的境界。（二乘，是聲聞乘、緣覺乘。聲聞乘的聖人，就是羅漢。緣覺乘的聖人，就是辟支佛。）

法眼，是菩薩的眼，能夠明白見到一切法，妙有的道理，就是破了塵沙惑，證得了俗諦的智慧相。得到了這種法眼，就能夠用諸佛的道法，（道法，是一切真實道理的法。）發起一切眾生的善根，所以也叫做道種智。（見到法界的眾生，種種的根性不同，能夠用諸佛的道法，發起眾生的善根來，叫做道種智。）這是圓教十信位以上的菩薩境界。

佛眼能夠見到一切法，非空、非有，不可思議的道理。那是要破了根本的無明惑，證得了中道第一義諦的智慧相，才有這樣的好處。得了這種佛眼，能夠從法裏，推開來悟到一切法的真實道理。所有一切佛的道法，一切眾生的種裏，（種性，就是各種的根性。）沒有不明白曉得，所以也叫做一切種智。（一切種智，就是上面所說的成所作智、妙觀察智、平等性智、大圓鏡智。四種智都完全了，這就是佛的四智。）圓教十位以上的菩薩，也有證得這種佛眼的，但是功用的深淺不同，證到佛眼的菩薩，就叫**分證佛**。（佛是要漸漸修成的，要把無明一分一分的破盡了，才能夠成佛。菩薩沒有完全破盡，就沒有完全證得佛，只有一部份證到了佛，所以叫做分證佛。）只有佛完全能夠證得，所以叫做**究竟證**。（究竟，就是完全的意思。）

這五種眼，得到了後面的眼，一定連前面的眼，也會得到的，（譬如得到慧眼的，一定天眼也得到的。得到佛眼的，一定天眼、慧眼、法眼，都得到的。並且有慧眼的天眼，一定勝過單有天眼的。有佛眼的法眼，又一定勝過單有法眼的。都是一步勝一步的。）所以說佛有五種眼。

總之佛有一切種種的功德，說也說不盡，其實只是自己真心的作用。這種作用，一切眾生本來都有的，只因為一切眾生，從來沒有明白過這種道理。虛妄的起種種煩惱心，從這虛妄的煩惱心上，造出虛妄的種種業來。有了各種虛妄的業，就現出種種虛妄的業報相來。因為有這種煩惱，和業報的虛妄法，把自己的靈性障礙住了，就使得這真心的作用，完全顯不出來了。所以修行的人，第一先要至誠懺悔那六根、三業的罪障，（三業，就是身業、口業、意業。）懺悔的方法，在夜課大懺悔文裏，會詳細講明白。

20 自由平等

現在世界上的人，都講自由平等。其實一切眾生，本來是自由平等的，因為不曉得真理，就造出種種的業來。因為造了業，就受種種的報應。本來有種種的自由功德，反而現不出來了，只現出種種不平等的虛幻變相來了。若要把那本來的自由平等，一起回復過來，除非依照佛法去修行，再也沒有別的方法了。

現在大家所講的自由，只不過是自由啟動煩惱，自由造罪業。到了後來，自由去受那種種的苦報罷了。這樣也算自由，實在是太不自由了。照現在的做法，永遠得不到真實的自由。即使是這個身體，哪個人喜歡生病？哪個人喜歡要死？但是最後免不了這病、死兩種的苦處，怎麼能夠說自由呢？

講到平等兩個字，不要說三界裏，六道眾生，種種的受報，就單講我們人道，富的、貧的、貴的、賤的，還有老少的相、男女的相、殘廢的相，種種的不平等，這都是各人自己前生造的業所招來的。

講起實在的道理來，業像是空中裏的花，報像是水裏的月，只是一種虛妄變幻的相，哪裏有實在的東西呢？雖然說沒有實在，但是罪業沒有消滅的時候，還是要受到種種的苦報，還是要覺得種種說不出、講不完的苦的。哪裏還會得到自由平等的受用呢？

所以修懺悔法，是最要緊的，不懺悔到業障消滅，那種生死輪迴，一定不能夠逃掉的。只有修念佛法門的，靠了阿彌陀佛的願力，可以帶了業，往生到西方去。（修別種法門，一定要把自己歷來所造的業，完全消滅盡了、才能夠修成功。只有修往生淨土法門，即使業沒有消滅完，也可以帶了業往生的。但是萬萬不可以想，有業也可以往生的，就儘管造業。這是有心造業，不但一定不能夠往生，並且罪格外犯得重了。）只要能夠生到西方去，就可以得到真實的自由平等的受用了。

21 極樂世界

又有人道：念佛求生西方，佛經上雖然是這樣說，我總覺得有些疑惑？那個極樂世界，看也看不見，不曉得是真的有呢？還是假的有呢？佛說的這個境界，或是為方便而假說的，就算真的有這個世界，也是離開我們的娑婆世界，有十萬萬萬個世界，這樣遠，怎麼能夠去呢？雖然聽說某人往生，某人往生也不過是大家猜想的話，到底那個人是不是真的往生，怎麼能夠曉得呢？

我道：阿彌陀經上說，從這娑婆世界，一直向西去，過了十萬億個世界，（一億，就是一萬萬。十萬億，就是十萬萬萬。）有一個世界，叫做極樂世界。明明白白說是有的，怎麼還疑惑不是真的呢？妄語是佛規定的根本重戒，哪有佛自己說妄語來騙人的道理呢？

照華嚴經上說，毗盧遮那如來，（佛有三身，上面已經說過了。有三身就有三個名號。毗盧遮那，是釋迦牟尼佛法身的名號。盧舍那，是釋迦牟尼佛報身的名號。釋迦牟尼佛，是應身的名號。

毗盧遮那，是梵語，翻譯成中文，是遍一切處，就是光明遍照一切的意思。如來，是佛十種名號裏的一種，夜課大懺悔文裏，有詳細解釋。盧舍那，是梵語，翻譯成中文，是淨滿，就是清淨圓滿的意思。）所教化的華藏世界，（華藏世界，在朝課裏，「四生九有」一節底下，有詳細解釋。）從下面到上面，總共有二十層。我們的娑婆世界，和西方的極樂世界，都在第十三層上。

若是我們的娑婆世界，是真的有，那麼極樂世界，也自然是真的有了。若是說極樂世界，不是真的有，那麼我們的娑婆世界，也不是真的有了。我問你我們的娑婆世界，究竟是真的有呢？還是沒有呢？若你認為娑婆世界是真的有，那麼你為什麼要疑惑極樂世界不是真的有呢？

一樣都是佛說的話，為什麼有的相信、有的疑惑呢？若你認為娑婆世界不是真的有。那麼請問你，你現在所住的是什麼世界呢？佛明明說是有，你還要疑惑不是真有，這樣的疑惑，就叫做謗佛。（謗，就是說壞話的意思。）那就是犯地獄罪的原因，將來不免要結地獄罪的果的，千萬不可以這樣亂疑惑的。

你說那極樂世界看不見，所以疑惑不是真的有。那麼像那外洋歐洲、美洲的各國，你也沒有看見過，難道可以說歐洲、美洲各國，也不是真的有嗎？

要曉得看得見看不見，雖然是說遠近的關係，其實還是有緣沒有緣的關係。俗語說的，有緣千里來相會，無緣對面不相逢。那些到歐洲、美洲各國去的人，就因為和他們有緣，所以就能夠去。

現在我們誠心念佛，一心要生到西方極樂世界去，念佛就是結淨土的緣。念佛越是認真，就是淨土的緣，結得越深，將來一定能夠往生到極樂世界去。並且不必等到往生，可先看到極樂世界景象的人，也是很多。

就像那宋朝有一個做大官的，叫張抗，是專誠念佛的。在他生病的時候，看見了極樂世界。他就對家裏的人說道：原來極樂世界，就在西邊的廳屋裏面，

（因為極樂世界出現在他的眼前，所以他說就在西邊的廳屋裏面。）翁兒在那蓮花台上拜佛哩！（翁兒，是張抗的孫子，早先死了的。）說了這幾句話，不久他就往生了。

還有宋朝的荊王夫人王氏，她是一心修淨土法門的。服侍她的人，也都學她朝夜念佛的。荊王有一個妾，念佛不認真，受了夫人的責備，就自己醒悟懺悔，一心精進念佛，忽然沒有什麼病，就死了。

後來她托夢給別的妾道：我受了夫人的教訓，已經生到極樂世界去了，請代我謝謝夫人。那夫人心裏，還不很相信，到了第二夜，夫人自己也做夢，夢裏和那個已經死的妾，遊玩七寶莊嚴的蓮花池。（七寶，是七種寶貝。莊嚴，是裝飾得很齊整、很好看，使人見了，自然會起恭敬心的意思。在阿彌陀經白話解釋裏、「皆是四寶周匝圍繞」和「有七寶池」兩句底下，有詳細解釋。）看見一朵蓮花上坐的人，穿了天上人穿的衣服。蓮花上面，標明的名字，叫楊傑。又有一朵蓮花上的人，穿了上朝見皇帝的大禮服，坐在那裏，蓮花上標明的名字，叫馬圩。又看見一座金臺，光亮得了不得，那個妾指著道：這是將來夫人生西的寶座。夫人得了這個夢，親自看見了極樂世界，非常美麗的景象，知道那個妾實在是往生了，就更加至誠念佛，活到八十一歲。

那一天，正是夫人的生日，大家都向夫人祝壽，夫人手裏拿了香爐，就在觀世音菩薩的像前，立著化去了。（化去，就是死去，下面還會說明白。）

上面所說的兩個人，都是在往生之前，先看見了極樂世界。像這樣的情形，很多很多，只要看那往生集和淨土聖賢錄兩部書，（這兩部書，是專門記許多往生西方的事情的。）就可以曉得往生西方，都有確實的證據，並不是虛假的。

佛說十六觀經的時候，有一位國王的夫人，叫韋提希，和五百個侍女，都看見西方三聖，（西方三聖，就是阿彌陀佛、觀世音菩薩、大勢至菩薩。）和極樂世界的種種莊嚴相。佛授記他們，（授記，就是記名。佛替她們先記名，隨後過了多少時代、在某處國土裏、成什麼佛。）將來都能夠往生到極樂世界去的。

照這樣看來，**極樂世界**雖然是很遠的，但是有緣的人，也可以看得到。這是因為一切的相，只是一個實相。實相本來沒有什麼遠近、大小的，遠近、大小的相，都是凡夫的妄心上，自己起的分別、妄見。

其實十萬億佛土，和我們的娑婆世界，並沒有一絲一毫的隔開。照極樂世界說起來，我們的娑婆世界，在極樂世界那邊所佔的地位，還不足一瓣蓮花瓣的大小。用娑婆世界比起極樂世界來，也是一樣的。要曉得一切有色的相，都是自己的心變現出來的。種種的色相，完全就是如來藏心。哪怕是一點極小的微塵，（微塵，是極微細的灰塵。）也是如來藏心的全體。如來藏心裏，沒有一件東西不包括在裏面的。既然這一微塵就是如來藏心的全體。那麼所有一切的東西，自然都在這一微塵裏了。

所以一微塵的真量，（量，是說大小。真量，是說真實的大小。）和那盡十方、遍虛空的真量，（盡十方，是一直到十方的盡頭，十方哪裏有盡頭呢？虛空是最大的了，沒有盡頭的。遍虛空，是說遍盡這個虛空，這種大，還可以說麼？）並沒有高下、大小的。一切的相，都是這樣的。所以一切的相，沒有不各個融通，各個收攝的。（就是這個和合那個，那個和合這個。這個收攝那個，那個收攝這個。攝，也是收的意思。）普賢菩薩的一根毫毛的空，能夠收盡十方世界，就是這個道理。

天衣懷禪師講往生的人，說是生則決定生，去則實不去。就因為現前的一一微塵，都包含著極樂世界在裏面的，那麼極樂世界，就在面前了，還有什麼去的相呢？

但是雖然沒有去的相，卻是明明白白生在那十萬億佛土外的極樂世界裏面的。經裏面形容那往生西方的快，總是說一剎那間，（剎那，是梵語，翻譯成中文，是「一念」兩個字，就是極短極短的時間。經上說，只要手指彈一彈的時間，已經有六十個剎那了。）一彈指頃，（頃字，也是說極少的時候。）因為十萬億佛土，其實就在自己的一念裏。念頭一動就到了，怕什麼路遠不能夠去呢？

即使照世間凡夫的眼光說起來，遠近大小，其實也是沒有一定的。譬如像天空的星月，用望遠鏡一照，彷彿就在眼前這樣近了。一個蟣蝨，用顯微鏡一照，就好像是牛馬那樣大了。這不是遠近、大小，沒有定規的證據嗎？那不明白的人，還說這是用了一種能夠變相的東西，所以把它原來的相改變的。不曉得原來的相，既然可以改變，就可見相是沒有一定的了，若是真有一定的，怎麼能夠改變呢？

況且就像那天空的月亮，有的人看來像茶杯大，有的人看來像飯碗大，有的人看來像面盆大，有的人看來像浴盆大，這是各人的眼光不同。所以看月亮，也是大小各樣的。照這樣說起來，還能說相是有一定的嗎？

22 往生

講到那懷疑往生的人沒有消息回來，可能不是真的，那也是亂疑惑。講到往生的確實證據，最明白的，是一種暖頂相。哪怕斷了氣後，過了十多個鐘頭，他的頭頂上，還是熱騰騰的，這件事情，是可以試驗的。還有面色有光彩滋潤，屍體輕軟，種種的和尋常的相不一樣的。

照往生集、和淨土聖賢錄上所記載的，臨終的時候，有的看見佛光照耀、有的聽到空中裏、有各種天上很好聽的樂器的聲音、有的聞到特別的香氣。不只是本人看見、聽到、聞到，旁邊的人也有一起看見佛光，聽到天樂，聞到香氣的。

有的結跏趺坐死去的，（結跏趺坐，有雙跏趺、單跏趺的分別。）

雙跏趺，是先把左足曲轉來，壓在右邊的大腿上。再把右足向裏面扳起來，壓在左邊大腿上。兩個足跟，緊靠身邊，叫做雙跏趺坐。

單加趺，是右足曲轉，放在左邊大腿下。左足曲轉，壓在右邊大腿上。）叫做**坐化**。有的立在地上死去了，身子不跌倒的，叫做**立化**。有的臨終前幾天，自已就先知道哪一天要往生了，從從容容，（從從容容，是不急促的意思。）向平時要好的人，都告別了，到了死的時候，沒有一些病痛，就安然死去的。像這樣的情形，還可以說往生沒有證據嗎？

晉朝的時候，遠公法師在廬山上，結了一個東林蓮社。（社，就是會。蓮社，是念佛的法會。因為往生西方極樂世界的人，都是從蓮花裏生出來的，取蓮花化生的意思，所以叫蓮社。東林，是這個蓮社的名稱。）他是第一個提倡修念佛法門的。蓮社裏，總共有一百二十三個人，都往生西方的。裏面有一個人，叫做闕公則，他先前立願，將來自己往生了，要回來報信的。後來他死了一週年，他的朋友，替他做佛事功德。忽然滿間屋裏，都是金光，聽到空中裏有人說道：我是闕公則，已經生在極樂世界了，因為從前立過報信的願，所以特地回來告訴你們，大家只要誠心念佛，沒有不往生的。說完了這句話，那金光就沒有了。

宋朝時候，有一個高僧，叫做可久，他住在明州地方，（明州，也叫四明，就是現在浙江省的寧波。）常常念法華經，發願求生西方極樂世界。那時候的人，都叫他做久法華。仁宗皇帝元佑八年，久法華八十一歲，那一天坐化了。過了三日，重新活過來，對人說道：我看見淨土境界，和那經上所說的情形，完全一樣的，蓮花臺上，都標明了那應該往生的人的姓名。看見一個金臺，標的是明州孫十二郎。一個金臺，標的是久法華，一個銀臺，標的是明州的徐道姑。說了這幾句話，又化去了。後來過了五年，徐道姑死的時候，她屋裏，滿屋的異香撲鼻，大家都聞到的。過了十二年，孫十二郎死的時候，虛空裏，有很好聽的那種天上的樂器聲，大家都聽見的。照這樣看起來，這些人，不都是往生到西方去的嗎？像闞公則和久法華，往生後，還回來報信，怎麼還可以疑惑往生不是真實的呢？

23 生到極樂世界

那人道：發菩提心的人，第一是要救度眾生，那麼應該要生在惡濁世界，才可以救度苦惱眾生，怎麼只顧自己的安樂，求生到西方極樂世界去呢？並且十方世界，清淨的國土，也多得很，為什麼一定要生到西方極樂世界去呢？

我道：求生西方極樂世界去，就是為了要救度眾生的緣故。佛經上說，要度施旁人，先要能夠度施自己，不能夠度自己，就想要度旁人，沒有這種道理的。我們如果生到了西方極樂世界去，那麼一定能夠證得無生法忍。證了無生，就可以化出無數的身體，回到娑婆世界來，救度一切有緣的苦眾生了。現在我們每天念佛後，念的各種回向發願文，都是這個意思。

要曉得一個人沒有證到無生，還在生死的輪迴裏，一受了胎，就會把前世的事情，都迷惑了，記不起來了。或是因為享受了福報，快樂過分了，就造出惡業來了。等到墮落到惡道裏，（墮，和落字一樣的意思。）自己希望旁人來救度，還來不及，怎麼能夠去救度旁人呢？

所以截流大師說：不修念佛求生西方的法門，去修旁的各種佛法，就是第三世怨。（怨，是仇敵的意思。）因為修佛法的人，在這一世上，不求往生西方，到了下一世，就享受大福報。要曉得越是有福的人，他就有財有勢，越容易造罪業，罪業造得多了、大了，到了再下一世，就不免要落到惡道裏去，受那極苦的報應了。這不是冤枉嗎？所以說這是**第三世怨**。

極樂世界，比那十方的淨土，有四種特別好處。

第一、是阿彌陀佛的慈悲願力，一切眾生，只要誠心念佛，求生到極樂世界去，到臨終的時候，阿彌陀佛沒有不來接引他往生的。

第二、極樂世界裏衣、食、住三件事情，都是自然有的，並且都是很好的。又沒有女人，沒有惡緣，所聽見的，都是佛法，那貪、瞋、癡的惡心，自然不會起來了。

第三、是阿彌陀佛的壽命，無量無邊阿僧祇劫，往生的眾生，也都是無量無邊阿僧祇劫的壽。這樣的長壽，還怕一世修不成功嗎？就是根性鈍的，也一定能夠修到一生補處的地位。（**一生補處**，是說就在這一世上，可以補到佛的位子。因為念佛修行的人，一天一天修上去，功夫就一天深一天，地位也就一天高一天，所以能夠就在這一世上補到佛的位子。在阿彌陀經白話解釋裏，「其中多有一生補處」底下，有詳細註釋。）

第四、生到極樂世界了，就可以慢慢得到六種神通，（就是天眼通、天耳通、神足通、宿命通、他心通、漏盡通，六種。在阿彌陀經白話解釋裏，「其土眾生、當以清旦」一節底下，有詳細解釋。因為詳細講起來很繁雜，所以這裏就不詳說了。）能夠隨意到十方佛前，供佛、聽法，修種種的功德。

這都是靠**阿彌陀佛四十八大願**的力量，（四十八大願，在無量壽經裏，說得很詳細，可以請一部來看看。無量壽經，是一部佛經的名稱。）才能夠有這四種特別的好處。佛總是勸人到西方極樂世界去，就因為有這種特別好處的緣故。

還有一層道理，專心念一尊佛的名號，容易成功三昧。隨願往生經裏，（隨願往生經，是一部佛經的名稱。）佛對普廣菩薩說道：閻浮提的眾生，（閻浮，是一種樹的名稱，現在改叫瞻部。提字，是梵語，完整說起來，是提鞞波三個字。翻譯成中文，就是洲。這個洲裏，差不多是閻浮樹。這種閻浮樹，在各種樹林裏，是最大的一種，所以就叫瞻部洲。又因為這個洲在須彌山之南，所以就叫南瞻部洲。我們現在所住的娑婆世界，就在這個洲上。）心思惡濁散亂，所以十方佛都讚西方極樂世界阿彌陀佛，使眾生把心思歸在一處，容易往生。

要曉得念佛法門，最重要的是一心不亂。能夠念到一心不亂的境界，（一心不亂，是只有一個念佛的心，沒有一點點別種亂念頭。在阿彌陀經白話解釋裏、「一心不亂」一句底下，有詳細解釋。）那麼臨終的時候，自然不會起顛倒的心，（顛倒心，就是心思不定、顛顛倒倒、轉亂念頭。在阿彌陀經白話解釋裏，「是人終時、心不顛倒」一節底下，有詳細解釋。）可以萬妥萬當的往生西方了。

雖說每天十念阿彌陀佛，（十念，就是每天早晚，念十口氣的阿彌陀佛，不論每口氣念多少聲，只要念滿十口氣，就叫做十念法。在修淨土裏，也是一種法門，這是為了極忙的人設想的，最容易的一種念佛方法。）只要求生西方的願，發得懇切，和阿彌陀佛的願心相應了，靠阿彌陀佛的大願大力，一定可以往生西方的。但終究功夫太淺，恐怕沒有十分把握，還有修行的人，功夫多做一分好一分，所以有空閒的時候，還是要多念才可以。

24 往生資格

那人道：我聽見阿彌陀佛經上說，生到極樂世界去的，都是**不退轉**的菩薩。（不退有三種：第一是**位不退**，證到圓教的初信位，破了見惑，進了聖人的境界，不再退到凡夫的地位了。

第二是**行不退**，證到圓教的十信位，破了思惑和塵沙惑，就專門度一切眾生，不再退到二乘的地位了。

第三是**念不退**，證到圓教的初住位，證了自己的靈性，得到了無生法忍，自己心上，只有起這種真實智慧的念頭，不會退的。在阿彌陀經白話解釋裏，「皆是阿鞞跋致」一句底下，有詳細解釋的。）觀佛三昧經上說，（觀佛三昧經，是一部佛經的名稱。）佛授記文殊菩薩，應該往生極樂世界。華嚴經裏，普賢菩薩說：十種大願，求生淨土。照這樣看起來，極樂世界，應該只有大菩薩往生的，我們凡夫怎麼能夠有往生的資格呢？

我道：阿彌陀佛經所說的不退轉，是說往生的眾生，都能夠到不退轉的地位。不是說要先到不退轉的地位，才能往生極樂世界。講到佛授記文殊菩薩的往生，那是說往生到極樂世界的常寂光土或是實報莊嚴土。不像我們凡夫，到極樂世界去，只能夠生到凡聖同居土。普賢菩薩的十大願，不只是勸眾生自己求往生，還要教化一切眾生，勸他們個個人發求生極樂世界的願心。講到普賢菩薩自己，是等覺菩薩，還沒有到妙覺菩薩的地位，所以也還應該要求往生的。

要曉得極樂世界，和我們娑婆世界，一樣的也有四種土相。法身菩薩往生，是生在常寂光、實報莊嚴，兩種淨土。十信位以下的菩薩往生，是生在方便有餘淨土。尋常凡夫往生，是生在**凡聖同居淨土**。

論起道理來，極樂世界的凡聖同居土，種種莊嚴，比娑婆世界最高的天宮，還要勝過百千萬倍哩！薄福的凡夫，其實是沒有往生的資格。所以阿彌陀經上說，少善根福德因緣的人，不能夠生到極樂世界去的。幸好阿彌陀佛，有攝受眾生的慈悲大願力，（攝受，就是收受的意思。）只要眾生真實的相信，發懇切求往生的願，至誠的念佛名號，沒有不接引往生的。

照觀無量壽經上講，即使造了種種極大罪業的眾生，臨終時候，地獄的相，已經現出在面前了。差不多就要落到地獄裏去，只要靠從前念佛的善根力，碰到了善知識，教他一心念南無阿彌陀佛，接連念了十聲佛號，那地獄的相，就化做一陣清涼的風，看不見了。只看見一朵金蓮花，比太陽的光還要亮，停住在他的面前，就在起這個念頭的時候，那個人已經託胎在這蓮花裏，生到極樂世界去了。

像這樣有極大罪業的眾生，臨終至誠懇切的念了十聲佛，也能夠生到極樂世界去，你想便宜不便宜呢？你要曉得，這是靠了阿彌陀佛的願力不可思議，才有這樣的好處。大眾念佛的人，只要信心真實，願心懇切，其實是沒有一個人不往生的。永明壽禪師說：萬修萬人去。這句話並不是說假的。

還有，念佛的功德，無量無邊，**用至誠心念一句佛號，就可以消滅八十億劫**

的生死重罪，這是佛金口說的，一定不會不真的。念佛的人，天天念佛，或是幾千、或是幾萬，哪怕從前造的罪業多，也自然都會消滅完的。沒有了罪業，就是沒有在這個惡濁世界投生的因緣，只有往生淨土的因緣了。

25 天天唸佛

那人道：我聽說一個人儘管平常不念佛，只要到臨死的時候，能夠念幾聲佛，哪怕是積過惡業的人，也一樣可以往生西方。像張善和，本來是一個殺豬的屠夫，（張善和的事情，在往生集裏，講得很詳細，可以查看。）臨死碰到了善知識，勸他念佛，他就往生西方了。像張善和那種殺豬的人，已經積了不少的殺業，臨死念了幾聲佛，尚且能夠往生西方。那麼往生西方是很容易的事，何必要天天念萬聲的佛呢？

我道：張善和這個人，前世是一個很有善根的人，所以臨死的時候，會碰到這樣的善知識，勸他念佛，他自己還能夠心神安定，接受這善知識的勸告，這是千萬人裏，難得一見的。

要曉得，一個人到了臨死，四大分散的時候，好比有無數的刀，把他的身體解開來，痛苦得不得了，心裏萬份的恐嚇慌亂，怎麼還會想到念佛呢？

不要說碰不到善知識，就算有善知識去勸他，恐怕他的神識糊塗了，聽不到善知識的勸了。或者即使聽到了，人到臨死的時候，舌頭也硬了，呼吸也短促了，要念也念不成了。像這種種的情形，多得很，哪裏能保證臨死還會念佛呢？

況且還有田地、房產、金銀、財寶、夫妻、子女、功名、富貴，種種的放不卜。這也想想，那也想想，使心裏一點主意也沒有。這時候，還能夠從從容容的念佛嗎？要想他一心不亂，那是絕對沒有這種道理的。

一個人生在世界上，做一世的人，好比是一場大夢。死了就像夢醒了，夢醒了後，夢裏的境界，完全落了空。人死了，生前的事業，也都拋棄了，只有所造的業，印在第八識裏，做後世受生的因。所以說**萬般將不去**，**唯有業隨身**。這兩句話的意思，就是說一個人到快要死的時候，種種東西，都帶不去，只有這個業，跟定了他，替他現出後世的身相來。

惡業就是惡道的身相，善業就是善道的身相，淨業就現淨土的身相。好比是種瓜結瓜，種豆結豆，一點也不會錯的。若不趁早多念佛，**多種淨土的因**，先預備好往生的資糧，不要說臨終的時候，一定會有各種的障礙，使他提不起念佛的心來，即使能夠念佛，那浮飄飄的隨口念幾句，怎麼抵得過一生所做的業的力量呢？恐怕他最後的一念，還不能夠固守在這一句佛號上，最後不免要被那業力牽去的。所以這種討便宜的心，一定存不得的。

你看自古往生的人，他們**每天**有一定的功課做的，或是念十萬佛號、或是八萬、六萬佛號、或是五萬、四萬佛號，最少的也要念到一萬、或是幾千佛號的。平時認真念佛，就是為臨終最後的一個念頭，做好預備功夫。

一個人的念頭，其實只是習氣發動，哪一種習氣深，自然哪一種念頭，來得厲害堅固。平常時候，時時刻刻的拜佛、念佛，一個一個的求生西方的念頭，起慣了，成了一種相續心，（就是一個念頭接連一個，念頭不斷的意思。）又完全不起別的念頭，除了一句佛號，任何什麼念頭也沒有，這就叫做**念佛三昧**，就叫做**淨業純熟**。（純字，不是夾雜的意思。純熟，是極熟的意思。）自然到臨終的時候，旁的念頭都不起來，只剩了那清清淨淨，一個念佛求生西方的念頭了。

後世受生的身相，就是今世最後的一個念頭所現的。所以真想生到西方極樂世界去，必定要平常時候，天天認真念佛，才有希望、有把握，不這樣把一句佛號，記牢在心裏，是靠不住的。

還有，尋常的人到了臨死，總有種種的病痛、苦惱的。有了病，不免把他的心思擾亂了。病是罪業的報相，念佛能夠消除罪業。所以平常認真念佛的人，往往臨終沒有一點病痛，好讓他從從容容的念佛，這也是有極大關係的。

26 念佛三昧

那人道：念佛要怎樣的念法，才容易成念佛三昧呢？

我道：念佛最要緊的，是**信心**、**願心**。信要信得深：

第一、要相信這念佛求生西方的法門，是釋迦牟尼佛金口說的。六方的許多佛，（六方，是東方、南方、西方、北方、上方、下方。六方許多佛，都證明白這念佛法門的好，都在阿彌陀經裏有的。）都證明白這個念佛法門，非常的好，勸人都要相信。佛是一定不會說謊話的，只要我們能夠依照佛說的方法去做，一定會成功的。

第二、要相信阿彌陀佛，實在是大慈大悲，為了要救度我們這些苦惱眾生，發**四十八個大願**，說到如果不能夠滿他的願心，就賭咒不願成佛。發了這個願心，又經過無量無邊劫，修種種苦行。不要說布施別的東西了，就是身體、手足、頭目、腦髓，也不知道布施了多少次。為的是什麼呢？就是為了一心要造成這個極樂世界，讓我們去自在受用。這樣的恩德，怎麼報得來呢？

倘若再不相信，怎麼對得住阿彌陀佛呢？恐怕這辜負佛恩的罪，（負字，本來是欠的意思，辜負，是不報答、對不住的意思。）就要落到地獄裏去了。四十八願裏說，十方世界的眾生，只要至誠發願，念佛名號，一定都能夠生到極樂世界去，永遠不再受生死的苦，並且在一世上，就會到候補佛的位子。（**候補佛**，是修到了有佛的位子空出來的時候，這候補佛就可以補到佛的位置。像阿彌陀佛涅槃了，觀世音菩薩補阿彌陀佛的位成佛。現在的觀世音菩薩，就是所說的候補佛。在阿彌陀經白話解釋裏，其中都有「一生補處」底下，有詳細解釋的。）佛的願力，不可思議，像這樣的大便宜事情，再沒有別的法門，能夠勝過的了。

第三、要相信自己的心力。（心力，就是心的力量。）我們現在的心性，本來和十方三世諸佛，（三世，是過去、現在、未來，三個時代。過去，是已經過去的時代。未來，是還沒有來的時代、就是後來。）是一樣的，所以說眾生即是佛。十方一切世界，都在自己的心裏，並不是心的外面，另外還有別的境界。心沒有外面的，心也沒有限量的。一切的法，都是在自己的心裏的。

即使虛空，也是自己心裏種種法的一種法相。心裏既然有種種的法相，虛空只不過是種種法相的一種。用一種來比種種，一種是很小，種種是很大了。

所以說虛空生在心裏，好比只是一片浮雲，在天空裏。拿浮雲來比天空，那種大小的比例，還能夠用語言來形容，數字來計算麼？現在拿虛空來比喻做天空的一片浮雲，拿心來比喻天空，那麼這心量的大，大到還可以說麼？

自己的心性，既然這樣的大，所以要怎麼樣？就可以做到怎麼樣。願意要離開自己心裏的惡濁世界，生在自己心裏的清淨世界上，彷彿是左手拿的一件東西，換了右手拿罷了。本來是自己的心作主的，怎麼會做不到呢？況且還靠著阿彌陀佛大慈悲的願力，臨終來接引往生的，那更加是萬穩萬當的了。像這樣的信，才可以叫做深信。

講到**發願**，也要發得切實。

第一、要對這個娑婆世界上，所有一切可愛的事情，一起都拋得開，沒有一絲一毫貪戀的心。

第二、要對極樂世界，起真實的歡喜心，懇切的希望心，要認為除了往生到西方極樂世界去，沒有第二個好方法，能夠使我永遠脫離苦惱的。不只是認為念了佛號，可以當做陰間的錢用，或是求後世的福報，這種邪見，萬萬不可以有。即使是天人來迎接我去做欲界天、色界天的天王，也要把心守得定，堅決不為所動。

像唐朝的道昂大師臨終時，先看見兜率陀天上的許多天人，（兜率陀天，是上面第四層欲天界，所有天上的種種情形。下面會講明白。）一起奏起各種天上的音樂來，迎接他去。大師對來接的人說道：天道是生死的根本，生天不是我平常的願心，我本來要求生到西方極樂世界去的，為什麼不能夠依我的願呢？不多一刻，天人天樂，都隱去了，只看見西方來了無數的人，拿了香花，奏起樂來，擠滿在虛空裏，在大師的頭頂上旋轉。遠近的人，大家都仰起頭來看，心裏覺得很稀奇，口裏稱讚不已。大師道：淨土的相現了，我該去了。說了這句話，就在法座上坐化去了。（法座，是法師坐著說法的坐位。）

像這樣的願，才叫做**切願**。

不只是自己發願，要求生到西方極樂世界去。還要代一切眾生發願，把自己所做的功德，一起回向他們，願意他們都生到西方極樂世界去。

有了這種信願的心，自然那淨業的功課，做起來格外認真。一句佛號，記牢在心裏，不敢偶而忘記。這樣一直修下去，修得長久了，還怕不能夠到一心不亂的境界麼？

但是我們凡夫，自古以來，第八識裏，包藏著無量無邊的習氣種子。一碰到外面的種種境界，就會不知不覺的生起各種念頭來了。雜念不斷，心就不能夠歸一了。

所以修**念佛三昧**的人，要用方便法子。用心用自己的耳朵，聽自己念佛的聲音，要**一個字一個字**，都聽得清清楚楚，隨念隨聽，不讓它有一個字含混過去。

即使默念的時候，也要在心裏覺得像有聲音一樣，也可以照樣聽得到。若是有一次念佛，有一句沒有聽得清楚，那總是自己的夙業障。（夙字，是從前的意思。就是說因為前世造了罪業，所以被這業力，把靈性遮蔽住了。）

念完了佛，就要跪在佛像前懺悔，至誠懇切的懺悔，念普賢菩薩行願品裏的四句偈，（偈字，是梵語。翻譯成中文，是一個頌字，就是稱讚的意思。佛經裏，凡是每句字數一樣的、有的每一句三個字，也有多到七個字的，都叫做偈。）就是：**往昔所造諸惡業，皆由無始貪瞋癡，從身語意之所生，一切我今皆懺悔**。（這四句偈的解釋，在大懺悔文裏，會詳細講明的。）把這四句偈，多念幾遍，再回向發願。

懺悔的功德，力量大到不可思議，只要能夠用至誠的心，那麼不論從前造的什麼大罪業，都可以消滅的。業障消了，自然種種的惡緣，也就斷了，惡緣斷了，自然煩惱的心，也起不來了。煩惱心不起，自然只有這個清淨心了，那麼念佛的聲音，也一句一句的都能夠聽得清清楚楚了。沒有旁的心念，只有那一句佛號的心念，那就叫做一心不亂，就是得了念佛三昧了。

27 求生到西方

又有人道：我聽說修十善業的人，可以生到天上去。天宮裏，也都是七寶莊嚴的，和極樂世界，差不多的。若是生在非想非非想天上，壽有八萬大劫。照算一大劫就有十三萬四千四百萬年，八萬大劫，就要有一百零七萬五千兩百萬年嗎？這樣的長壽，還得了嗎？修十善業，是人人可以勉強做得來的。若是說求生西方，那要念佛念到一心不亂的境界，才可以有把握，其實是很不容易的。為什麼不去修容易的十善業，求生到天上去，一定要去修那不容易成功的，念佛法門，求生到西方去呢？

我道：生天和生西方，天差地遠，怎麼可以一起說呢？生天的人，天福享盡了，也有落到惡道裏去的。就像那鬱頭藍弗，修成了非非想定，（心一點也不動，叫定。非非想定，是一種修定功的名稱，修了這種非非想定，可以生到非想非非想天上去的。非想非非想天，是最高的一層天，下面會說明白的。）靠了這定的力量，就生到了非想非非想天上去。後來他福報享完了，就落到了畜生道裏去，做了一隻飛貍，到水裏去，就吃魚，到樹林裏去，就吃鳥，造了這種殺生的惡業。他到了後世，一定要受很苦的報應的。

若是生到了西方去，就有無量無邊阿僧祇劫的壽，福就永遠享不完了。並且極樂世界裏，只有修善的緣，沒有造罪的緣。所以一生到西方去，永遠不會退轉來的，儘管修上去，一定可以一世裏，就修到候補佛的地位。比那生天的人，實在是勝過萬萬倍哩！

要曉得生天雖然快樂，究竟還是在六道輪迴裏，還沒有了脫分段生死的。若是生到了西方極樂世界去，那一世就可以做到等覺菩薩，不只是了脫分段生死，即使變易生死，也差不多可以了盡的。所以這念佛求生西方的法門，叫做**橫出三界**，（橫出，是容易的意思。譬如一條蟲，在一根竹竿裏，若要豎直的鑽出來，要一節一節，完全咬破了，才能夠出來，不是很難的嗎？若是從橫裏一咬，就立刻可以出來了，不是更容易嗎？橫出三界，就是這個意思。）一切的佛法裏，再沒有比這個法門，更加快，更加簡便，更加穩當的了。

你說修十善業容易，修念佛法門煩難。但你不曉得修十善業的難處，其實比念佛，念到一心不亂，還要難得多哩！為什麼呢？十善業裏，第一就是不殺生。現在不講別的，單講這個不殺生。

譬如夏天的時候，蚊蟲很多，要修十善業的人，自然不會去打死牠的。但是蚊蟲只曉得貪吃人身上的血，不曉得顧惜自己的性命，常常吃到飛不動了，就停在人睡的蓆上，或是停在人的身上。那個人睡著了，翻一個身，不知不覺的，就把那喫飽血的蚊蟲壓死了，這是常有的事情。又像蚊蟲叮在人的身上，皮膚覺得癢，就用手去搔，一個不小心，就把那蚊蟲搔死了，這也是很多的。

並且地上的各種小蟲，像螞蟻那樣的，到處都有，即使是眼力好的人，也不容易看得清楚。這一世裏，腳底下一不留心，踏死小蟲的性命，不曉得有多少哩！

還有喝的水 有很小的蟲，眼睛看不到的，也很多很多。照佛法的規矩，要先用布袋把水濾過了，才燒來喝，那麼水裏，就沒有小蟲了。但是哪個人依照了佛法，濾過了所喝的水，燒來喝。喝的水裏，被殺傷的性命，其實也不少哩！

雖然不是有心殺生，但是他的性命，終究是被我害死的，怎麼可以說不是殺生呢？

所以要講修清淨的十善業，實在是很難很難的。念佛念到一心不亂，雖然不是很容易的事情，但是真的能夠一心求生西方，把旁的一切事情，完全放下，朝也念佛，夜也念佛，一天一天的功夫做上去，自然總會修到一心不亂的境界。所以照我的看法，求生西方，還比那求生天上，更容易些哩！

況且就是修上品十善業的，（修上品，就是修得最認真的意思，在阿彌陀經白話解釋裏，「皆是大阿羅漢」一句底下，有詳細解釋。）生到天上去，也只能夠生在**地居天**，不能夠生在空居天的。（**四天王天**，在須彌山的半腰裏。**忉利天**，在須彌山的頂上。這**兩層**天還是依靠在地面上的，所以叫做**地居天**。夜摩天以上的天，都是在空裏的，所以叫做空居天。天總共有二十八層，在阿彌陀經白話解釋裏，「無量諸天大眾俱」一句底下，說得很詳細。）

照經上說，四王天的壽，只有五百歲，我們世界上五十年，他們那裏只有一天一夜。忉利天的壽，只有一千歲，我們世界上一百年，他們那裏只有一天一夜。（法界安立圖和法苑珠琳等講佛法的書，都講得很詳細。與慈老法師著的二課合解的開頭，就有這種圖表。還有講一層一層天上的人，各有多少長的身體，像色究竟天上的人，有一萬六千由旬長的身體。即使最低的四天王天上的人，也有半里路長的身體哩！上面三種書，可以請來看看。）雖然說是壽長，其實還是有限得很哩！**夜摩天**、**兜率天**、**化樂天**、**他化自在天**，這**四層空居天**，每高一層，壽數就加一倍。這還是**欲界**裏的天，已經不是單修十善業，能夠生的了，一定還要修禪定的功夫，才可以生到那四種的天上去。

欲界天的上面，還有**十八層色界天**，生在色界天上的天人，（天人，就是天上的人。）是專門靠了修禪定功夫的。若是能夠證得到初禪定的功德，（因為下面所說的三層天，叫做初禪天，所以要修到這種初禪的定功，才可以生到初禪天上去。天一層高過一層，有初禪、二禪、三禪、四禪的分別。所以修定功，也就要一層深一層。有初禪定功德、二禪定功德、三禪定功德、四禪定功德的名稱。）才可以升到**梵眾天**、**梵輔天**、**大梵天**，三層天上，這叫**初禪天**。

梵眾天人的壽，是半個中劫。

梵輔天人的壽，是一個中劫。

大梵天人的壽，是一個半中劫。

從初禪再加進修定的功夫，證得到二禪定的功德，才可以生到**少光天**、**無量光天**、**光音天**的三層天上去。這三層天，就叫做**二禪天**。

少光天人的壽，是兩個大劫。

無量光天人的壽，是四個大劫。

光音天人的壽，是八個大劫。

從二禪再加進修定的功夫，證得到三禪定的功德，才可以生到**少淨天**、**無量淨天**、**遍淨天**的三層天上去。這三層天，就叫做**三禪天**。

少淨天人的壽，是十六個大劫。

無量淨天人的壽，是三十二個大劫。

遍淨天人的壽，是六十四個大劫。

從三禪天再加進修定的功夫，證得到四禪定的功德，才可以生到**福生天**、**福愛天**、**廣果天**的三種禪天上去。這三層天，連那**無想天**、**無煩天**、**無熱天**、**善見天**、**善現天**、**色究竟天**，六層天，都叫做**四禪天**。

無想天是另外有一種外道，（外道，不像那種邪術要害人的，不過他們的知識見識，是不正當的。凡是不合佛法修行的，都可以叫做外道。）專門修一種無想定的，才能夠生到那層天上去。

無煩天以上的五層天，是聲聞的三果阿那含所生的，又叫五不還天。因為升到那種天上的人，一定不再回到欲界裏來受生了，所以叫做不還天。

福生天人的壽，是一百二十五個大劫。

福愛天人的壽，加上一倍。

廣果天人、和無想天人的壽，都是比福愛天再加一倍。

五不還天人的壽，也是高一層加一倍的。

算到色究竟天人的壽，就要有一萬六千個大劫了。

色界天的上面，**還有四層無色界天**，也叫做四空天，那種天上，是要先修得四禪定，再進修四空處定，（四空處定，就是四空處天的定功。）才能夠靠了禪定的力量往上生的。能夠修成空無邊處定的，才可以生到**空無邊處天**上去。能夠修成識無邊處定的，才可以生到是**識無邊處天**上去。再能夠修成無所有處定的，才可以生到**無所有處天**上去。若是要想生在最高的**非想非非想處天**上，那是一定要修成了一種非有想非無想定，才可以有這種希望。講起壽數來：

生空無邊處天的壽，是兩萬個大劫。

生識無邊處天的壽，是四萬個大劫。

生無所有處天的壽，是六萬個大劫。

生非想非非想處天的壽，是八萬個大劫，那是三界裏頭最長的壽了。

若是和往生西方極樂世界的人，都有無量無邊阿僧祇劫的壽命來比較，那八萬個大劫，只算是促壽短命哩！況且非想非非想天的人，終究是還沒有出三界，若是先造過惡業的，到了應該要受報的時期，不免還要墮落到惡道裏去哩！比起那些往生西方的人，一世上就可以成佛的人，你想到底還是生天好呢？還是生西方好呢？

那些不明白道理的人，認為升到了天上去，就永遠不會再墮落的了，哪裏曉得天上的福享盡了，仍舊還是要入輪迴的。所以不求往生西方，只求生天的人，其實算是很笨的人了。

還有，除了地居天，其他各種的天上，都是要修成了禪定的功夫，才可以生的。要曉得禪定就是一心，但是修禪的一心，是要時時刻刻守牢這一心，不能夠有一點散亂的。不比修念佛功夫，只要能夠有七天的一心不亂，就可以萬穩萬當的往生西方了。那麼修禪定功夫的人，不是更加難了嗎？況且照無量壽經上，阿彌陀佛的本願說起，只要能夠至誠的相信，發懇懇切切求生西方的願心，哪怕最少的只念十聲佛，也一定可以生到極樂世界去的。這還不是極容易的嗎？生天既然沒有生西方的容易，也沒有生西方的穩當，又沒有生西方的可以永遠不墮落，那麼到底生在什麼地方好，現在你可以明白了吧！

雖然佛的願力是一定靠得住的，但是我們修行的人，終究還是要認真念佛，能夠多念，就多靠得住些。倘使單靠佛的願力，把自己念佛的功課，看得隨隨便便便，那就是求生西方的願心，發得不切。求生的願不切，就和阿彌陀佛的本願不相應了，這種人恐怕終究不能夠往生的。這並不是佛的願力靠不住，其實是修行的人，不肯用功，自己耽誤自己的。所以生西方，雖然說比生天容易，但是自己不用功念佛，佛也對他沒辦法的。

要曉得念佛的人，還有一種大好處，即使他念佛的功夫不到家，今世裏雖然不能夠往生到西方去，但是既然下了**金剛種子**，（金剛，是最堅固的東西。金剛種子，是最堅固的種子、最靠得住的意思，就是種念佛的因。）後世一定可以往生西方。不比那求生天上的人，若是一世不能夠成功，那就完結了。所用的苦功，都白白的丟了，只不過下一世得到些福報罷了。所以修善業求生到天上去，和念佛求生到西方去，其實是差得很遠的。

我說這一番話，不只是勸你們自己不要轉錯了念頭，還要叮嚀你們，倘若碰見了那種不明白道理的人，一定要明明白白的告訴他們，使他們不冤枉用功夫而失掉往生西方的大好處。這就是你們修到勸進行者的一種**淨業正因**了。（**勸進行者**，是觀無量壽佛經裏的話。觀無量壽佛經裏說，修淨業，有正主的因、有幫助的因。這勸進行者，是修淨業正主的因，所以叫正因。勸進，是勸人修的意思。行者，是修行的人。

觀無量壽佛經上說的**淨業正因**，有三種。第一種，是孝養父母、奉事師長、慈心不殺、修十善業。第二種，是受持三歸、具足眾戒、不犯威儀。第三種，是發菩提心、深信因果、讀誦大乘、勸進行者。

三歸，就是歸依佛、歸依法、歸依僧。

威儀，是依照行、住、坐、臥四種禮貌。

不犯，就是不失禮貌。

讀誦大乘，就是讀誦大乘、經典。

上面三種的解釋，若要詳細講，實在太繁瑣，所以大略講講。）這也是你們自己往生西方的福德因緣，關係非常的大，一定要牢牢記住。

28 禪宗・淨宗

那人道：我常常聽到學禪宗的人說：（宗，是宗派，就是這一派的人。）念佛求生西方，那是愚夫愚婦做的事情。學淨宗的人說：（淨宗，是淨土宗。就是修往生西方極樂世界的一派。）禪宗的六祖不教人念佛，說西方極樂世界，離開這裏只有十萬八千里，其實是六祖沒有明白教相。（教，是指淨土宗，教相，是說淨土宗裏的各種名稱事相。）這兩派的人，你攻擊我，我攻擊你，好像水和火一樣，合不來。使學佛的人，不曉得到底那一宗好，請你講講看？

我道：淨宗、禪宗，一樣是本師釋迦牟尼佛傳下來的修行法門，有什麼高下可以分別呢？八萬四千法門，總之只是一個念佛法門，只是念的方法不同罷了，倘若念的不是佛，那就不是種佛因了。不種佛因，怎麼能夠成佛果呢？雖然禪宗講的是唯心，淨宗講的是一心，但是唯心不就是一心嗎？一心不就是唯心嗎？

禪宗的祖師說的，**唯心淨土，自性彌陀**。（這兩句，下面還有詳細解釋。）並不曾說沒有淨土，沒有彌陀，只不過是說淨土、彌陀，全是自己的心性顯出來的罷了。**淨土宗**也說：**是心作佛，是心是佛**。（作，就是修的意思。這兩句，是說用自己的心來觀想佛像、或是專門念佛的名號，這個想念的心，其實就是佛。在心經白話解釋裏，也有解釋的，可以一起看看。）觀無量壽佛經上，所說極樂世界的種種景象，和那西方三聖種種的相，都是用心來**作觀**的，（**作觀**，就是閉了眼睛，默想一種相，對它看定了，要顯出那種境界來。

但是作觀的時候，一定要心思清淨、念頭正定，那麼作起觀來，才能夠見到佛的境界。若是心思不定、念頭雜亂，那麼一個不小心，恐怕魔就會上來的。所以四種念佛法門，其實是持名一法、最是穩當。

念佛有四種方法，不只是口裏稱佛號、叫念佛。凡是默想佛的形象，也叫念佛，不過這一種叫**觀像念佛**。默想各種佛法界的種種相，就是觀無量壽佛經上所說的觀相法，也叫念佛，不過這一種叫**觀相念佛**。觀像和觀相，都是作觀的方法。口裏頭稱佛號念佛，叫**持名念佛**。還有一種念佛方法，是專門研究理性的，也叫念佛，不過叫**實相念佛**，那是禪宗的念佛方法。合起來總共有四種。

作觀，是照十六觀經的修法。持名，是照阿彌陀佛經的修法。十六觀經上的十六種境界，其實都是自己的心變現出來的。）作觀成功了，真相也就現出來了。這種真相，既然都是在自己的心性裏顯出來的，難道不是實驗的唯心淨土，自性彌陀嗎？

只不過禪宗的修法，重在性的一邊，淨宗的修法，重在**相**的一邊罷了。禪宗念的是**自心佛**，淨宗念的是**他方佛**，（雖然說是他方佛，其實淨宗念的阿彌陀佛，就在自己的心性裏，所以也可以稱自心佛。）看起來像是兩像，其實性和相，究竟只是一種法，體用絕不能夠分開的。（性，是體。相，是用。）自和他，應該沒有兩種性的，所以說禪是淨土的禪，淨土是禪的淨土。（這兩句，是說禪和淨土，沒有分別的。因為念佛念到一心不亂，和禪定功夫深了，心裏沒有一點點雜念，不是一樣的嗎？禪、淨的修法，儘管不同，歸根結底，要使得這個心歸一，那就是禪、淨沒有分別的，要到這個地步，才算修成功了。）

禪宗裏大徹大悟的人，（徹，是通的意思。大徹，是明白一切法的真相。大悟，是證悟了自己的本性。）大半是歸根到淨土去的，像那永明壽禪師、蓮池大師是提倡念佛法門，最是懇切的人。即使西天的第十二祖馬鳴菩薩，（西天竺，是地名，就是印度國。我們的人稱它做西天。）做的大乘起信論，（大乘起信論，是一部講佛法的書。）也勸人求生西方。第十四祖龍樹菩薩，做的大智度論，（大智度論，是一部講佛法的書。）極力的提倡修念佛三昧。佛在楞伽經裏，（楞伽經，是一部佛經的名稱。）預先授記他能夠證到初地，往生極樂世界。現在各處叢林裏，定的朝夜功課，都是回向西方的，怎麼可以說是愚夫愚婦在做的事情呢？

講到說六祖不明白教相，那更是不對了，六祖是傳佛心印的肉身菩薩，（心印，就是佛法裏精深的道理。其實傳佛心印，就是傳佛法。肉身菩薩，是還沒有離開這個世界、還是凡夫四大和合而成的身體，但是已經成菩薩了。）他心裏哪一種經不明白？他所證到的地位，雖然不能夠曉得，但是總可以斷定他，絕不是證小位的。哪有這樣的大菩薩、大祖師，會違背佛說的道理的呢？

六祖回答那韋刺史的一番話，（刺史，是一種官的名稱。這個官，姓韋，六祖回答他的話，就是下面所講的各種。若是要曉得詳細，只要請一部經，叫六祖壇經，經裏的第三品，叫疑問品，用心去看，就可以曉得了。）其實正是他的方便說法。因為那念佛求生西方的法門，是許多賢人、聖人，大家都修的法門，絕對不可以破壞的。但是在六祖的時候，那一班聽法的人，都有禪宗的根機。若是稱讚了淨土法門，恐怕他們對禪宗的修法，會不肯專心。一會兒修禪，一會兒又修淨土，心思紛散，最後兩門都不成功，將失掉那了脫生死很大的利益。所以就在這西方兩個字上，用巧妙的智慧，指東話西，把印度舍衛國來混做西方。幸好印度本來是在我們中國的西面，佛說法的道場地，也可以說是淨土的。所以韋刺史問的西方，是指極樂世界，六祖答的西方，卻指印度舍衛國，就面子上的名稱看起來，都說是西方，恰巧一問一答，好像針對針，一點不差的。其實是你說你的西方，我說我的西方。

雖然回答的話，不是問的意思，但也可以混得過去，使聽的人滿心歡喜，能夠增長他們專修禪宗的信心。照宗門的主見，（宗門，是專講禪宗的，別種法門。像淨宗、天台宗、相宗等，都叫宗門。）不論什麼法，都歸到自己的心上去，你隨便問他什麼，他都歸到自心上去說的。所以往往有和事相不合的情形，門外漢就說他錯誤了，其實他說他的**心地法門**，（心地法門，就是專門講自心的法門。）並不是錯誤。凡是聽宗門所說的話，能夠明白體會到這個道理，那就一點也沒有阻滯窒礙了。

若是六祖沒有得到**般若三昧**，（般若三昧，就是得到智慧的正定功夫。）哪會有這樣的靈巧方便呢？正因為他指的印度舍衛國，當作東方穢土，當作西方淨土，把我們的中國，當作東方穢土。所以可以說東方的人，只要心裏頭清淨，就是沒有罪過。西方的人，若是心裏頭不清淨，也是有罪過的。東方的人造了罪，念佛求生到西方去，西方人造了罪，再念佛求生到什麼地方去呀？（這幾句話，是出在六祖壇經上的，是六祖說的。照這幾句話看起來，更加見得六祖所說的西方，一定是指舍衛國了。若說指的是極樂世界，那麼生到極樂世界去的人、哪裏還有心裏不清淨的、還有會造罪的呢？

六祖因為不可以說極樂世界不好，使自己不只是違背佛說的道理，並且西方哪有什麼不好，可以說的呢？也不可以說極樂世界的好，使學禪宗的人心思活動起來，所以只好把舍衛國來混做西方。）

這樣切切實實的說法，才能夠把那些聽講的人見異思遷的心，（見異思遷，是說看見了別種境界，心裏就想要改變主意。）破得清清淨淨。若不是這個意思，那麼佛在什麼地方說阿彌陀經，六祖尚且曉得，又哪有不曉得經上說的極樂世界，離開這裏有十萬億佛土的道理呢？

六祖對他的弟子，名字叫志徹的講，說自己是傳佛的心印的，怎麼敢違背佛經。那麼六祖說佛法，還有違背佛的道理的嗎？六祖神通廣大，能夠曉得旁人心的念頭，只要看神秀大師，叫他的弟子志誠，到曹溪來聽六祖說法，（曹溪，在廣東韶州府城東南三十里，六祖慧能大師說法的地方，就是現在的華南寺。）叮囑他聽了用心記著，回去講給大家聽。志誠到了曹溪，跟隨大眾行禮，沒有說明白來做什麼的。六祖就說破他，是來偷聽佛法的。照這樣看起來，六祖實在是有他心通的。（他心通，是能夠曉得旁人心裏的意思，這是六通裏的一通。在阿彌陀經白話解釋裏，「其土眾生以清旦」一節底下，有詳細解釋。）

大約韋刺史那班人，不知道有極樂世界，聽了那在家、出家的人，念阿彌陀佛求生西方，心裏想西方就是西天。六祖知道他們不曉得極樂世界，就將機就計，當作西天來講。所以開頭就說明白，佛在舍衛國裏說那西方引化的經，（引，是接引往生。化，是教化度脫。西方引化經，其實就是阿彌陀經，六祖只說西方引化，不說出阿彌陀經的名來，這就是六祖要把西方當做西天講的意思。）分明離開這裏不遠。（這是指舍衛國，離開我們中國的曹溪地方不遠。）若是就像上面說，里數卻有十萬八千的一句話，正是要教人明白他所說的西方，是指舍衛國說的，不是說極樂世界。若不說出這句話，表明自己的意思，只怕那不知道的人，認為六祖說的是極樂世界，那麼就會懷疑佛所說的阿彌陀經，不是真話了。就會懷疑念佛求生極樂世界的法門，沒有什麼好處了。就會懷疑極樂世界的人，還會造罪的了。（六祖所說的十萬八千里，是指我們中國到舍衛國，並不是說從娑婆世界到極樂世界。若是認錯了，變成六祖說的到西方極樂世界，只有十萬八千里，那麼和阿彌陀經上所說的十萬億佛土，大不對了。和經上的話不對，就怕看經的人，會生出上面所說的種種疑惑來了。）那就害了那些疑惑的人造了謗佛、謗法、謗僧的大罪了。使得眾生因為有了疑惑的心，耽誤了他們的修行，又破壞最方便的淨土法門。這種罪過，實在是很大很大，沒有人擔當得起的。

六祖自己說，不敢違背佛經的，怎麼會不防備到這一層呢？所以特地先講明了佛說經的地方，是在舍衛城，再說相隔的里數，是十萬八千。（因為從前的人，相傳下來，都說西天離開中國十萬八千里。）這樣表示得明明白白，怎麼還不體貼六祖的用意，而疑惑是六祖說錯的呢？

說六祖不相信念佛的人，他們其實不曉得六祖是怎樣的一個人，所以會說出這種話來。照我的意思來看，六祖這樣的指東話西，恰好証明六祖是真實相信淨土法門的人，因為專門念阿彌陀佛，本來叫做**無上深妙禪**，（這一句，是古時的大德說的，一時查不出是什麼人說的、出在什麼書上。意思是說能夠專心念阿彌陀佛，一定可以念到一心不亂，到了一心不亂的時候，那就和最高、最深、最妙本的禪定功夫一樣了。大德，是極有道德、精通佛法的人。）可見禪宗和淨宗，本來不是兩道的。所以六祖不教人念佛的話，也是不對的。

要曉得佛法是講究平等，沒有高下的，所以出家的人，叫做僧人，僧字，是梵語，翻譯成中文，是和合眾，就是說大眾合在一起，要和氣的意思。那麼講佛法的人，大家都應該要和氣，怎麼可以攻擊呢？

29 七家宗派

從佛法傳到中國後，那修大乘法的，總共有七家宗派，就是禪宗、天台宗、（簡單說，就叫台宗。）賢首宗、慈恩宗、三論宗、密宗，和淨土宗。還有律宗一派，那是大乘法、小乘法，一同修的。

禪宗的許多大祖師，歸根結底，念佛求生西方的，很多很多。（禪宗，前面已經講過了，這 不再講了。）

天台宗也叫法華宗，是智者大師立出來的，因為智者大師住在天台山，（天台山，在浙江省台州府天台縣。）所以就叫天台宗。智者大師起初跟南嶽慧思禪師學佛法，讀法華經，得到了法華三昧，（法華三昧的意思，就是因研究法華經的功夫很深了，得到法華經的大利益了。）講起佛法來，沒有人能夠勝得過他。

法華經精妙的道理，他都能明明白白講出來，所以又叫做法華宗。大師雖然講那觀心的法門，卻是一心歸向阿彌陀佛的。他一生一世，坐的時候，總沒有背對了西方的，睡的時候，一定是合掌念佛的。著作淨土十疑論，（淨土十疑論，是一部講佛法書的名稱。）解釋了對淨土的各種疑惑，所以後來的天台宗法師，都是修淨土的。

賢首宗，也叫做**華嚴宗**，又叫法界宗。開始的是杜順和尚。相傳杜順和尚，是文殊菩薩的化身。觀佛三昧經裏，文殊菩薩曾經發願說偈，願意往生西方極樂國土，滿足自己的大願心，阿彌陀佛現身在他面前授記。他本身有這一段因緣的，所以杜順和尚也是歸向淨土的。他精通華嚴法門，華嚴經的結束，就是普賢行願品，勸導十方菩薩念阿彌陀佛，求生到西方極樂世界去的。

他所傳的弟子，第一傳是智儼和尚，他所著的書，有華嚴搜玄記十卷，講十種玄門，（十玄門，在朝課裏，會詳細講明白。）說明白法界緣起的道理。（緣起兩個字，是為了什麼因緣，發起這件事情的意思。）

第二傳是賢首國師，（國師，是皇帝封的，或是皇帝拜了他做師父，就可以稱做國師，或是皇帝請他在全國傳揚佛法，也可以稱國師的。）他所著的書，叫探玄記，詳細講華嚴經精深的道理。後來清涼國師，做新譯八十卷華嚴經的疏鈔，（疏鈔，也就是解釋的意思。）都照了賢首國師的意思著的。因為這幾位國師，都講究華嚴經的一門，就成了賢首宗的一派，這一宗的法師，都是修普賢行願，回向淨土的。

慈恩宗，也叫法相宗，又叫唯識宗。（法相宗，就是相宗，因為專門講相與識的，所以叫相宗，也叫唯識宗。）開始的是玄奘法師。法師親身到印度去，跟西天竺那蘭陀寺的戒賢論師學相宗，（論師，是專門講論佛法的，或是著作講論佛法的書來，都可以稱論師。現在講經的法師，也可以稱做論師。）研究唯識的道理，帶了無數的經，回來翻譯。大家常說西天取經的唐僧，就是這位法師，但是沒有像那小說西遊記上，所說的那種奇怪情形。

西天的相宗一派，是無著菩薩、天親菩薩等大菩薩傳出來的。天親菩薩極力的稱讚淨土，作了一部大文章，叫做往生論。（往生論，是一部專門講往生西方的書名。）玄奘法師翻譯的經裏，有一部叫做稱讚淨土佛攝受經，其實就是阿彌陀經。因為玄奘法師住在慈恩寺，所以這一宗就叫做慈恩宗。他所傳的窺基大師，作了許多各種經論的注疏。（注疏，就是解釋。）淨土的經，也都有他的注疏。那麼講相宗的大法師，也是稱揚淨土宗的了。近來學相宗的人，知道觀想彌勒佛，求生到兜率天宮去，很不容易，所以也都念阿彌陀佛，求生西方了。

三論宗，也叫性宗，又叫空宗，又叫破相宗。最先傳到中國來的，就是翻譯阿彌陀經的鳩摩羅什法師。這一宗的修行法，是照三部論所說的法門修的。三部論，是三部書，叫中論、論、十二門論。中論和十二門論，都是龍樹菩薩著的。龍樹菩薩是佛授記他往生極樂世界的，羅什法師的弟子。像那道生、僧肇、道融、僧叡一班人，都是學習這個宗派的。僧叡後來進了東林蓮社，專心念佛，到劉宋的元嘉十六年，（劉宋，是在南北朝那個時候的一個朝代。）他忽然對大眾說道：我要去了，就向西合掌坐化了。大家看見他的榻前，有一朵金蓮花，一刻就不見了，只看見有五色的香烟，從他房裏出去，這是他往生西方祥瑞的相。那麼三論宗，也是講念佛求生西方的。

密宗，也叫**真言宗**。（密宗，是專門講究持咒的。）真言，就是佛經裏的

咒。唐朝的一行禪師，得到了中印度一位法師，名叫善無畏三藏的真傳，（真傳，是傳的精深神妙的真實法理，並且是由師父直接傳下來的，不是從旁人那裏間接傳來的。）著了一部大日經的疏釋。（大日經，是一部佛經的名稱。大日經的疏釋，是解釋大日經的書。）後來學密宗的，就照了他的疏釋學的。大家都把這部疏釋，叫做神變疏鈔。還有南印度的金剛智尊者。（佛經裏的尊者，大半是稱阿羅漢的。）北印度的不空尊者，也都是傳密教到中國來的。

密教裏，分做五部，其實就是佛的五種智，（各宗都說佛有四智，獨有密宗，說是五智，是在四智外，又加出一種清淨法界智來。）分配五方世界。

中方世界毗盧遮那佛，做灌頂部主，就是佛的清淨法界智。

東方世界阿閦毗佛，做金剛部主，就是佛的大圓鏡智。

南方世界寶生佛，做寶生部主，就是佛的平等性智。

西方世界無量壽佛，做蓮華部主，就是佛的妙觀察智。

北方世界成就佛，做羯磨部主，就是佛的成所作智。

四方的回尊佛，都是從毗盧遮那佛的清淨法界智，流出來的。無量壽佛，就是阿彌陀佛。毗盧遮那佛，就是釋迦牟尼佛。無量壽佛，既然也是從毗盧遮那佛的清淨智閎，流出來的，那麼阿彌陀佛，其實就是釋迦牟尼佛的分身佛了。那麼釋迦牟尼佛勸人念阿彌陀佛，求生到極樂世界去，實在就是勸人生到自己的國土裏去了。

所以往生西方的人，不只是靠阿彌陀佛的願力，其實也靠釋迦牟尼佛的願力了。阿彌陀佛和釋迦牟尼佛，既然都是密宗各部裏的一位部主，那麼密宗和淨土宗，不只都有關係，並且釋迦牟尼佛，就是毗盧遮那佛。那麼密宗的部主，也是勸人修念佛求生淨土的了。

還有一種**律宗**，（律，是守的戒律。律宗，就是專門修戒律的律，就是法律，是各種戒的規則。）也叫南山宗。唐朝的道宣律師，（律師，是專門研究戒律的大律師，並不是現在講法律的律師。）把大小乘的戒法，一齊融合通了，立了這一宗。因為他住在終南山的，所以就叫南山宗。這是大略講講佛法的宗派，可以曉得一些名稱罷了。

30 戒

戒本來是約束身體，收住妄心，使得三業六根，都清淨的一種方便法。所以戒律能夠守得清清淨淨，一點也不犯，就可以**破惑證果**，（破惑，就是破見思、塵沙、無明，三惑。證果，就是證聲聞、緣覺、菩薩、和佛果。）**了脫生死**的，所以又說是戒波羅密。（波羅密，是梵語，翻譯成中文，是到彼岸，就是從有生死的這邊，到不生不滅的那邊。守了戒，可以了脫生死，所以叫戒波羅蜜。）

戒法有各種的不同，在家的善男子，受了**五戒**，（就是不殺生、不偷盜、不邪淫、不妄語、不飲酒。）叫做**優婆塞**。（優婆塞，是梵語，翻譯成中文，是近事男，就是能夠親近服事眾僧的意思。）在家的善女人，受了**五戒**，叫做**優婆**

夷。（優婆夷，也是梵語，翻譯成中文，是近事女，就是能夠親近服事眾尼的意思。）初出家的人，受了**十戒**，（就是除了前面的五戒，再加第六不用香花裝飾的東西。第七不學唱歌做戲、也不看不聽各種不合佛法的伎樂。第八不座高大的床座。第九不在不應該吃的時候吃東西。第十手裏不拿金銀寶物。）叫做**沙彌**，（就是沒有受過完全戒法的小和尚。）受了**具足戒**，（具足，是完全的意思，具足戒，是完全接受了出家人的戒法。）男的叫做**比丘僧**，（就是和尚。）女的叫做**比丘尼**。（就是尼姑。）

梵網經上說的菩薩戒，（梵網經，是一部佛經的名稱。）是十條重戒，四十八條輕戒。現在傳戒的三壇戒法，第一壇說沙彌戒，第二壇說比丘戒，第三壇說菩薩戒。比丘的戒法，要臨時傳授的。若是預先偷聽了他人說戒，或是偷看了比丘戒的經本，就叫做盜戒，將來永遠不能夠得戒的。這也應該要曉得的。

上面所說的，都叫律儀戒，（律儀，是規矩禮貌的意思。）是防止造出罪業來的。（防字，是防備的意思。止字，是止住不放它生出來的意思。）還有定共戒、道共戒，兩種。定共戒，是入定的時候，自然能夠調伏身心，（調和收伏的意思。）防止一切的惡法。道共戒，是見到了真道理後，自然不會犯戒了。像那須陀洹，他耕種田地，地下的蟲，自然都離開他的鋤頭四寸，不會有誤傷的。這兩種戒法，是在修定修道裏得的，不是受的，所以說是定共戒、道共戒。

在方等經裏，（方等經，是釋迦牟尼佛說法時代的名稱。天台宗把釋迦牟尼佛的說法，分做五個時代：

第一、是**華嚴時**，就是說華嚴經的時代。

第二、是**阿含時**。華嚴經，是大乘經。佛說華嚴經的時候，道場裏，許多小乘根器的人，都聽不懂。所以說完華嚴經後，在十二年裏，專門說小乘經，像阿含經、四十二章經、八大人覺經等。

第三、是**方等時**。說阿含經八年後說的經，就是維摩詰經、地藏菩薩本願經、金光明經等許多大乘經。方，是廣大的意思。等，是均平的意思。在這個時代，說法最多。第二、第三兩種，都是以法的種類，當做時代的名稱。

第四，是**般若時**。說方等經後二十年，說各種的般若經，像金剛般若波羅蜜經、仁王護國般若經等。

第五、是**法華涅槃時**，在說般若經二十二年後，法華經說八年，涅槃經只說一日一夜。這第一、第四、第五三種，都是把說經的題目，當做時代的名稱。

上面所說的在方等經裏，那是說在方等這類的佛經裏，往往有講到攝律儀等三種戒法的。）還有**攝律儀**、**攝善法**、**攝眾生**，三種戒法，叫做**三聚戒**。這三種專門是**大乘菩薩的戒法**。

大乘菩薩，本來是三業一起防止的，但是表明戒法的相的，只有這身、口兩業，所以叫做**攝律儀戒**。從律儀上發起大菩提心，能夠防止一切不善的事情。

精進修行一切的善法，叫做**攝善法戒**。

菩薩利益眾生的事情，有十一種：

第一、凡是對眾生益處的事情，都要幫他們一起去做。

第二、是照顧病人。

第三、是演講佛法。

第四、凡是我從前受過恩德的眾生，都要報他們的恩。

第五、凡是有苦難的人，都要救他們，凡是有憂愁煩惱的人，都要勸解他們。

第六、是周濟窮苦的人。

第七、是修種種的道德，做旁人的榜樣。

第八、是安慰旁人，使得旁人心裏沒有驚嚇。

第九、是稱讚有道德的人。

第十、是攝伏作惡的眾生，教他們改過。

第十一、是用神通力，現出罪惡的因果報應來，好讓眾生心裏懼怕，不敢再做惡事情。

這十一種，叫做**攝眾生戒**。

攝律儀，是心思、身體，都要端端正正，使得妄想的心不起來。

攝善法，是所有一切的善，完全都攝受，拿來幫助成就自己的佛道。

攝眾生，是教化一切眾生。

這三種戒法，實在是把一切菩薩法，都收盡了。

在大論，（大論，是一部佛書的名稱。）還有十種戒的名稱：

第一、不缺戒。（缺字，是像一件東西，完全壞的，沒有用了。）

第二、不破戒。（破字，是雖然破碎了些，還沒有全壞。）

第三、不穿戒。（穿字，是雖然有些漏了，還沒有破碎。）

第四、不雜戒。（是身、口、意三業，都防止的。）

第五、隨道戒。（隨順真諦的道理，能夠破去見惑。）

第六、無著戒。（見到了真諦的道理，自然心不著在思惑上了。）五、六兩戒，是約真諦說的持戒法。（約字，差不多是就字、依字的意思。）

第七、智所讚戒。（菩薩教化眾生，是佛所稱讚的。）

第八、自在戒。（在一切世間法裏，能夠自在無礙。）這兩種戒，是約俗諦說的持戒法。

第九、隨定戒。（就在入定的時候，現出各界的種種身相，度脫眾生，做了許多的事情，卻還沒有出定。）

第十、具足戒。（上面的各種戒法，都是用律儀來防止作惡，還不能夠說是具足戒。現在用中道智慧，沒有一種戒法不完備的，那才可以說是具足戒了。）這是持的中道第一義諦戒。

我為什麼繁瑣的講這一大篇戒法呢？因為戒是學佛的開頭第一件要緊事情，是真實的懺悔法，真實的莊嚴淨土法。觀無量壽佛經裏說，要想往生到極樂國去的，應該修三種淨業正因，這第二種淨業正因，就是戒法。經裏說中三品往生的人，都是靠了持戒的善根，才能夠往生的。所以這律宗和往生淨土，關係更加大了。因為凡是修律宗的人，只要能夠回向西方，沒有不往生的。往生集裏，很多很多是修律宗的人。總之念佛求生西方的法門，是最簡便、最穩當的，所以隨便修哪一宗的人，大半都要和淨土宗一起修的。

31 八種苦

凡是有性命的，哪怕是很小的蟲蟻，哪一個不想要得到樂趣，免掉苦處呢？但是講到苦處，要算我們娑婆世界的眾生，是苦到極頂的了。講到樂趣，要算生到極樂世界去，是樂到極頂的了。這是什麼原因呢？娑婆世界的人，苦的事情多得很，大略講講，有八種苦：

第一、是**生苦**。識神投在胞胎裏，像是落到了地獄裏一樣。身體裏在血裏，像是在血污池裏一樣。有的時候，母親吃了冷的東西，就像在寒冰地獄一樣。母親吃了熱的東西，就像在火熱地獄一樣。到了十月滿了，生出來的時候，受了外面的空氣，像是千萬把尖刀，刺在身上，痛得不得了。所以小孩子落地，總是哭的。那往生極樂世界的人，借蓮花做胞胎，清清淨淨的化生，是沒有生苦的。

第二、是**老苦**。一個人年紀大了，精力就漸漸的衰弱了。頭髮禿了，皮膚皺了。耳朵聾了，要聽聽不到。眼睛糊塗了，要看看不見。牙齒脫落了，要吃嚼不動。手腳沒力了，要拿拿不起，要走走不動。這都不是苦處嗎？那往生極樂世界的人，不像這裏的人，血肉而成的身體，而是一種清淨光明的身體，永遠不會改變的，所以沒有老苦的。

第三、是**病苦**。這個世界上的人，是地、水、火、風的四大，和合而成這個血肉身體的。若是四大稍有一點不調和，就要生出病來。病的苦處，大家都曉得的，說也說不完。往生極樂世界的人，是功德造成清虛的身體，沒有什麼痛癢，也沒有病苦的。

第四、是**死苦**。現在的時代，叫做減劫時代，就是人的壽命，越下去越短。現在做一世人，不過是幾十年，將來到壽最短的時候，人的壽只有十歲了。（上面所說的減劫時代，和這裏的壽只有十歲，在阿彌陀經白話解釋裏，「彼佛壽命」一節底下，有詳細解釋。）在世界上受完了報，就死了。到了死的時候，一生所造的業，都現出業相來，心裏恐慌得不得了。到那一口氣回轉不來，四大分散的時候，好比是把一個烏龜，活活的敲去牠的殼。那種極難受的痛苦，不能夠往生西方的人，都是逃不了的。所以往往有臉上現出哭的樣子。那往生極樂世界的人，到臨死的時候，佛菩薩來迎接他，自然一點痛苦也沒有，生到了西方去，就和佛一樣的無量無邊阿僧祇劫的壽命，沒有死苦的。

第五、是**求不得苦**。這個世界上的人，一世裏忙忙碌碌，都是為了求名求利，求福求壽。但是種種的事情，怎麼能夠件件都滿他的願呢？求不到手，不能夠滿他的願，心裏就覺得非常的難過，這也是一種極大的苦處。那往生極樂世界的人，自然一切都能夠稱心如意，即使是求一世上就成佛，也可以滿他的願，沒有求不得的苦。

第六、是**愛別離苦**，世界上的夫妻兒女，都是夙世的緣。（夙世，是前世、前十世、百世、千世，都可以稱夙世的。）等到緣盡了，就大家要分散了，無論怎樣的恩愛，總沒有永遠不分散的。在那分散的時候，心裏的一種悲傷，最是難受。那往生極樂世界的人，沒有恩愛私情，並且都是自由自在的，也不會要勉強離別的，所以沒有愛別離苦的。

第七、是**怨憎會苦**。怨家對頭的人，聚在一處，不是相罵，便是相打、或是你要東，他偏偏要西、或是用計策來暗中害你，總沒有好事做出來的，也是說不盡種種的苦處。這種苦處和那愛別離的苦，恰巧相反的。那往生極樂世界的人，只有和那許多上品的善人，時常聚會在一處，沒有怨憎會苦的。

第八、是**五陰熾盛苦**。色、受、想、行、識，叫做五陰。（這五陰的解釋，在阿彌陀經白話解釋裏，「彼土何故，名為極樂」一節底下，有詳細解釋。）色就是身體。受、想、行、識，是心法。（心法，就是心裏生出來的法。）一個人其實只有這五種法，世界上的凡夫，往往把念念生滅的識神，（念念生滅，就是一個念頭生出來，忽然滅掉了。等到一個念頭滅掉，忽然又一個念頭生出來了。忽然生、忽然滅，接連不斷的意思。）當做是我，把業識現出來的色身，當做是我的。這樣就起了種種的煩惱妄想來，像是一團火燒得很厲害。這不只是眼前受苦，還種了後世無窮無盡的苦因。那往生極樂世界的人，心和身體都是完全清清淨淨，沒有五陰熾盛苦的。

單把這幾種來比較，娑婆世界的苦，極樂世界的樂，已經是天差地遠了。況且不只是這八種苦，還有說不盡的許多苦哩！但是想要脫離娑婆世界的苦，一定要把世界上的一切，都看得很淡。要想得極樂世界的樂，一定要把佛號念得很熟，才可以有往生的把握。雖然說帶業可以往生，十念可以往生，還是要像出門的人，把資糧備得足比較好。講到念佛的好處，大略說說有九種：

第一、字少容易念，不像經咒那樣難念。

第二、隨地可以念，不必一定要在佛像面前念。

第三、隨時可以念，不論早晨夜晚，什麼時候都可以念。

第四、人人可以念，不論男的、女的、老的、少的、富貴的、貧賤的、聰明的、愚笨的，都可以念。

第五、念佛可以增長福德。

第六、念佛可以消滅重罪。

第七、念佛的人，天神都恭敬他。

第八、念佛的人，惡鬼都迴避他。

第九、臨終往生西方，必定能夠得到阿彌陀佛授他成佛的記號。所以念阿彌陀佛，實在是一件最好最好的事情。

32 發願

世界上的愚夫愚婦，碰到了不如意的事情，或是心裏有什麼希望，總是到寺廟裏去燒香拜佛，通誠禱告，求佛菩薩保佑他，到後來往往一點也沒有效驗，大家都笑他是迷信。（迷信，是不明白道理、糊糊塗塗的信，這種信是不真實的信，所以叫迷信。）其實並不是迷信，不過也可以說是迷信的。為什麼呢？講佛菩薩的威神力，（威，就是威嚴。神，就是神通。威神力，就是有威嚴有神通的能力。）本來是求了沒有不應的，求佛菩薩，其實是正當的道理，並不是迷信。不過是求佛菩薩，總得先要自己所做的事情，能夠和佛菩薩的心相應，求起來才能夠有效驗。

那些愚人，平常的時候，作惡種種，一點也沒有慈悲心，那是和佛菩薩的心，完全不相應了。雖然在燒香拜佛的時候，好像也很至誠恭敬的，但是一走出寺廟的門，就把這個佛菩薩的念頭，丟在腦後了。這樣的求佛菩薩，怎麼會有感應呢？不懂得求佛菩薩感應的道理，就是信得不真實，所以也可以說是迷信的。

要求佛菩薩感應，第一要至誠恭敬，一心一意的念佛菩薩的名號。像經上說，念觀世音菩薩名號的，求妻得妻，求子得子，求富貴就得富貴，求長壽就得長壽。哪怕你求大涅槃，（大涅槃，就是成佛。）也就可以得大涅槃。念菩薩的名號，都這樣的靈驗，何況是念佛呢？何況阿彌陀佛，還是觀世音菩薩的本師呢？所以念阿彌陀佛的人，無論求什麼願，沒有不滿願的。

但是一切的世間法，都是過眼空華，求到了也沒有什麼真實的受用，只有求生到西方極樂世界去，那麼就可以了脫生死，一世上就可以成佛的了。要這樣的求，這樣的發願，才可以算是**正信**，不是迷信。

釋迦牟尼佛教人念阿彌陀佛，原是勸人發願求生西方的。阿彌陀佛發的四十八個大願，本來專門度念佛眾生，要他們生到極樂世界去的。現在我們所發的願，恰好正合了佛的願心，哪有不能夠滿願，不能夠往生西方的道理呢？

況且阿彌陀佛，有不可思議的大慈大悲，像那瑩珂，是一個酒肉和尚，後來他看了往生傳，每讀一篇，心裏非常的羨慕，他就絕了食，一心念佛求往生西方。到第七日，阿彌陀佛現出身相來，安慰他道：你還有十年陽壽，應該仍舊好好的念佛，我十年後來接你去。瑩珂道：在娑婆惡濁世界裏，容易失去正念，情願早點生到淨土去，供養佛菩薩。佛道：你既然有這樣的願心，那麼我三天後來接你。過了三天，他果然往生了。

還有，懷玉禪師，念阿彌陀經，滿三十萬遍。每天念六萬聲佛號，認真的修淨業。有一天看見虛空裏，都是佛菩薩，一個人手裏拿了銀臺走進來，禪師心裏轉念頭道：我一生用功念佛，願意要求上品金臺的。這個願心，怎麼佛不給我滿願呢？念頭一動，銀臺就不見了。禪師從那一天起，念佛更加精進，每天念八萬聲。過了二十一天，又看見佛菩薩遍滿虛空裏，那天拿銀臺的人，換了金臺來了，禪師就立刻化去了。

劉遺民跟遠公法師，在東林念佛，有一天正在那裏想阿彌陀佛，忽然看見佛現出身相來了。劉遺民就心裏想道：如來的手如何能來摸我的頭呢？佛就用手來摸他的頭。他又轉一個念頭道：如來的衣服如何能來遮蓋我的身體呢？佛就用衣服來遮蓋他的身體。

佛待眾生，真可說是大慈悲父母了。想要早往生，就教他提早往生。想要求金臺，就依他改換金臺。想要佛用手來摸他的頭，就摸他的頭。想要佛用衣服來遮蓋他的身體，就遮蓋他的身體。佛既然慈悲一切眾生，一一都滿足他們的願，哪有獨不慈悲我，不許我滿願的道理呢？所以念佛的人，只要他真正發願，求生西方，其實是沒有一個不往生的。

照佛經裏說，這邊有一個人，發心念佛，極樂世界七寶池裏，就有一朵蓮花生出來了。念佛念得認真，那蓮花就非常的光明，念佛念得不認真，那蓮花的光明，就減色了。若是念佛的心，能夠只進不退，那麼等到這邊受報盡了，自然就託生到那邊蓮花裏去了。這邊才一發心，那邊就有蓮花生出來。那麼其實只要發願，就會往生的。所以阿彌陀經上說：**已發願，若已生。今發願，若今生。當發願，若當生。**（這三句，是說已經發願的，已經往生了。現在發願的，現在就可以往生。將來發願的，將來可以往生。就是只要發願沒有不往生的意思。若是要曉得詳細解釋，阿彌陀經白話解釋裏，「已發願今發願」一節底下，說得很明白，可以請一本來看看。）就是這個道理。

不過一個人的識神，只有一個。這邊的報身，沒有捨去，所以那邊現不出身體的相來，一直要到這邊的報受盡了，那邊才可以現出身相來。若是臨終時候，一個心念，不牢靠在一句佛號上，那麼恐怕還要落在輪迴裏，再受些娑婆世界的苦哩！

況且現在正是在減劫的時代，眾生的種種苦處，只會加多，不會減少的。像最近的幾十年，世界上的苦處，已經增加了不少。再過下去，更加不曉得要苦到怎麼樣哩！何況保住這個人身，是很不容易的。若是前世所造的業，到了受報的時候，落到了惡道 去，如何是好呢？所以求往生西方的願，不可以不發得懇切。念佛的心，不可以不起得勇猛。一定要做到臨終能夠往生西方，絕對不可以絲毫忽略的。像娑婆世界有這樣的苦，極樂世界有這樣的樂，若再不趕緊認真念佛，求願往生，那真是極愚、極呆的人了。

普賢菩薩說的：**普願沉溺諸眾生，速往無量光佛剎**。（普字，是周遍的意思。溺字，和沉字一樣的，也是沉在水裏的意思。佛剎，就是一個三千大千世界。無量光佛剎，是說西方極樂世界。

這兩句的意思：就是發周遍的大願，希望所有沉在苦海裏的眾生，趕快往生到有很大很大光明的極樂世界去。三千大千世界，在阿彌陀經白話解釋裏，「從是西方過十萬億淨土」一節底下，有詳細解釋。）我雖然是業重的凡夫，幸虧聽到了這種念佛法門，勉力要學普賢菩薩的大願，所以奉勸一切沉沒在生死海裏的眾生，大家都趕緊發心，趕緊念佛，趕緊往生到阿彌陀佛的極樂世界去。

33 朝課夜課

現在各處叢林裏，（叢林，就是大寺院。）都定出了規矩。每天的朝夜，全寺的僧人，一起都要到佛殿上去做功課，叫做朝課、夜課。雖然各叢林所念的，稍有不同的地方，但是大致上總是差不多的。

講到做朝夜課的道理，那是從前許多大祖師，因為怕修行的人，不曉得切實用功，求了脫生死，所以特地定出這種功課來，好讓他們每天做些實在的功德，也可以報答各方施主的恩惠。（出家人既然沒有產業，更不能夠做生意，所有吃的、穿的、住的、用的，全靠在家善心人的布施。這種布施的人，就叫施主。）地藏經上說的，（地藏經，是一部佛經的名稱。完整說起來，叫地藏菩薩本願經，簡單稱做地藏經。）出家人沒有真實的道行，（道行，就是修道的功行。）

只曉得貪得人家的布施，空受人家的恭敬，那不免要墮落到無間地獄裏去，受千萬億劫的大苦惱的。

趙州禪師也說，出家人若今世不能夠了悟大道，到後世去，一定要披毛戴角，去償還那施主的債的。可見得現成飯實在不容易消受的。福德夠不上，就是三惡道的種子，不是很可怕的嗎？

照這樣講起來，即使是我們在家人，有些靠了上輩的福，留下了許多產業，不必辛辛苦苦去做事情，就能安安穩穩的過日子。若是不曉得修功德回向，報答父母的恩，就是不孝的大罪業。所以蓮池大師七筆勾裏說的，（七筆勾，是蓮池大師做的一種詞的名稱，都是勸人醒悟的話。詞，像詩差不多的。）父母的恩，不是一切的世間法，能夠報得來的，一定要修出世法，能夠使父母超生淨土，才可以算是盡了做兒子的道理。

講到出家人，確實要切切實實的修，求了脫生死，將來成了佛，再到這個世界上來度眾生，才算是報了佛恩。再說在家人，若只管糊糊塗塗過日子，不依照佛法去修行，怎麼可以報佛和父母的大恩德呢？

所以現在這種朝夜課，不只是各叢林裏，都依照了祖師定的規矩，天天的念。就連在家人所辦的淨業社、居士林、蓮社、各種佛會，也都學那叢林的規矩，除了一定的念佛功課外，每天的朝夜，也做這種功課的。但是做的功課，雖然是一樣的，其實還有點不同的地方。

各處的大叢林，大半是禪宗的一派，禪宗是重**明心見性**，（明心，就是發明自己的真心。見性，就是見到自己本來的真性。真心能夠發明、真性能夠見到，那不是已經成佛了嗎？）講究般若真空的道理。本來是沒有什麼功課的，後來宗門下的祖師自己或是先從教門入手的，因為哀憐那一群學佛法的人，根性薄弱，業障深重。人我空、法我空的道理，絲毫不曉得，只有那無明妄想，在一切境界上流動。這樣的人，怎麼能夠明心見性呢？

所以定這朝課，教他們每天清早，心地還在清淨的時候，先到佛前去禮拜，念各種的神咒，求佛菩薩威神加被，（加被，是佛菩薩用威神力加到修行人的身上來，就是保佑的意思。也可以說求佛用威神力，增加修行人的智慧。）消滅罪業，增長智慧，可以容易悟道。後來再念心經，教他們明白自性清淨心的真相。

再念佛號數百聲，或數千聲、數萬聲，希望業報盡了，就往生西方。把這些所做的功德，回向法界，求頓時就證得法身。再祝讚韋陀菩薩，求菩薩保護行人，（行人，就是修行的人。）消除魔障。（魔障，就是魔道的障礙。）做了這朝課後，才去用宗門裏的功夫。

到了晚間，又做夜課，念阿彌陀經、大懺悔文、普賢行願、蒙山施食，再向佛回向。這是專修的淨土法門，因為怕參禪不能夠了悟，後世要轉到人天福報裏去，（人天福報，是得人道、天道裏的種種享福的報應。）所以回向淨土，求願往生西方。這樣的修法，若是能夠明心見性，自然是最好，如果不能夠明心見性，也可以生到極樂世界去，橫出三界，不再受那第三世怨的福報。

所以祖師定的這種朝夜課，其實是為了末法苦惱的眾生，（末法，是現在的時代，在阿彌陀經白話解釋裏，「長老舍利弗」一節底下，說得很詳細。）想出最穩當的修法。

講到在家人做的朝夜課，那不是求明心見性，是專門求生淨土的。好在各種經咒，都是大乘經，對那淨業正因裏，讀誦大乘這一條是相合的，所以也可以算完全是淨宗的修法。

我這一卷佛法大意，前面先大略說些**二空的道理**（二空，就是人我空、法我空。）和**心性**的情形，後來專門**勸修淨土**，總算是和各派的宗旨，都有點合的。但是我還有最要緊的一句話，記得大集經裏，（大集經，是一部佛經的名稱。）佛預先料到末法的眾生，億億人修行，很少有一個能夠得道的，只有念佛求生西方，可以度脫生死。佛是一切都知道，一切都見得到的。既然佛說只有這淨土法門最靠得住，那麼怎麼可以不聽佛的教訓，不修這淨土法門呢？

所以我勸，不論修哪一宗的人，還是大家發願，專心修念佛法門，求生西方較好。不用說參禪不容易大徹大悟，即使真的能夠悟了道，明心見性的人，也應該發願求生西方。

你看文殊菩薩、普賢菩薩，這樣的大菩薩，尚且要發願求生西方，何況我們平常凡夫呢？

永明壽禪師說的：有禪無淨土，十人九蹉路，（蹉字，和差字一樣的意思。）無禪有淨土，萬修萬人去。這幾句意思，是說倘若修禪宗，不修淨土，那麼十個人裏，倒有九個人走岔了路的。若是不修禪宗，只修淨土，那麼一萬個人修，就一萬個人都可以到西方去的。照這樣看起來，那是禪宗的大祖師，也勸人修淨土的。修行的人，應該可以明白，淨土實在是好，一心修淨土吧！

黃智海居士簡介

黃智海居士（一八七五～一九六一），名慶瀾，字涵之，法名智海，上海人，前清貢生，曾任湖北德安宜昌知府。

後留學日本、回國後，創辦上海南華書局、上海三育中小學、上海法政學校。

一九一二年（民國元年），曾任上海火藥局局長、上海高級審判廳廳長。後又任浙江溫州甌海道道尹，一度兼任甌海海關總督，又調任寧波會稽道道尹，後又任上海特別市公益局局長。

一九二二年，上海佛教淨業社成立，被推為該社董事。

一九二六年，與王一亭、施省之、關絅之等發起組織上海佛教維持會，對維護佛教作出貢獻。

一九二九年，與印光法師等在上海覺園發起成立弘化社。

一九三五年，任中國佛教會常務理事。同年與胡厚甫等在上海覺園發起成立具有國際性的佛學團體——法明學會，任副會長。

一九三六年，任上海佛教徒護國和平會理事。是年，又任上海慈善團體聯合救災會副主任，兼任救濟戰區難民委員會副主任。

一九四五年，任中國佛教會整理委員會委員。

一九四七年，任中國佛教會上海市分會理事兼福利組主任。隨後，當選為上海市人民代表及上海佛教淨業社社長。

一九五六年，被推為上海佛教淨業居士林名譽主任理事。

一九六一年，逝世，享壽八十七歲。

黃智海居士中年皈依佛教，是淨土宗印光法師弟子，對淨土宗頗有研究。所著「阿彌陀經白話解釋」及「初機淨業指南」兩書，當時譽為淨土宗初機最佳良導。

他晚年發願把「淨土五經」都寫成白話解釋，來弘揚淨土宗，後來他寫的「觀無量壽佛經白話解釋」、「普賢行願品白話解釋」都已出版。「無量壽經白話解釋」寫了一大半，因年老多病，沒有完成。

他還撰有「了凡四訓」「心經白話解釋」、「佛法大意白話解釋」、「朝暮課誦白話解釋」等。他的著作，都是用淺顯通俗的白話文寫成，對全國各地佛教信眾起了廣泛的影響。

隨身版

佛法大意白話解釋

佛法大意白話解釋 / 黃智海著. -- 2版. --
臺北市：笛藤, 2019.03
面； 公分
隨身版
ISBN 978-957-710-750-3(平裝)
1.佛教教理 2.佛教修持
220.1 108002884

2019年3月21日 2版第1刷 定價220元

作　　者	黃智海
監　　製	鍾東明
編　　輯	葉艾青
編輯協力	斐然有限公司
封面設計	王舒玗
總 編 輯	賴巧凌
發 行 所	笛藤出版圖書有限公司
發 行 人	林建仲
地　　址	台北市中山區長安東路二段171號3樓3室
電　　話	(02) 2777-3682
傳　　真	(02) 2777-3672
總 經 銷	聯合發行股份有限公司
地　　址	新北市新店區寶橋路235巷6弄6號2樓
電　　話	(02)2917-8022・(02)2917-8042
製 版 廠	造極彩色印刷製版股份有限公司
地　　址	新北市中和區中山路2段340巷36號
電　　話	(02)2240-0333・(02)2248-3904
郵撥帳戶	八方出版股份有限公司
郵撥帳號	19809050